METODOLOGIA DO ENSINO
na Educação
Superior

Os volumes desta coleção trazem uma análise ampla e esclarecedora sobre os vários processos envolvidos no desenvolvimento das atividades que caracterizam a educação superior. São explorados os principais temas que devem ser profundamente conhecidos por professores e demais profissionais da educação nesse nível de ensino, desde os vinculados aos campos administrativo e político até os relativos à didática, à avaliação, à aprendizagem, à pesquisa e às relações pedagógicas. O objetivo é possibilitar que o leitor reflita criticamente sobre a constituição e o funcionamento da educação superior no Brasil.

Volume 1
Gestão da Instituição de Ensino e Ação Docente

Volume 2
Processo Avaliativo no Ensino Superior

Volume 3
Educação Superior Brasileira: Política e Legislação

Volume 4
Aprendizagem do Aluno Adulto: Implicações para a Prática Docente no Ensino Superior

Volume 5
Mediações Tecnológicas na Educação Superior

Volume 6
Pesquisa como Princípio Educativo

Volume 7
Relação Professor-Aluno-Conhecimento

Volume 8
Organização e Estratégias Pedagógicas

Carlos Alves Rocha

EDITORA intersaberes

abc

Mediações Tecnológicas na Educação Superior

Informamos que é de inteira responsabilidade do autor a emissão de conceitos.

Nenhuma parte desta publicação poderá ser reproduzida por qualquer meio ou forma sem a prévia autorização da Editora InterSaberes.

A violação dos direitos autorais é crime estabelecido na Lei nº 9.610/1998 e punido pelo art. 184 do Código Penal.

Av.: Vicente Machado, 317 – 14º andar
Centro . CEP 80420-010 . Curitiba . PR . Brasil
Fone: (41) 2103-7306
www.editoraintersaberes.com.br
editora@editoraintersaberes.com.br

Conselho editorial
Dr. Ivo José Both (presidente)
Drª. Elena Godoy
Dr. Nelson Luís Dias
Dr. Ulf Gregor Baranow

Editor-chefe
Lindsay Azambuja

Editor-assistente
Ariadne Nunes Wenger

Editor de arte
Raphael Bernadelli

Análise de informação
Ivan Rocha

Revisão de texto
Alex de Britto

Capa
Denis Kaio Tanaami

Projeto gráfico
Bruno Palma e Silva

Iconografia
Danielle Scholtz

Dados Internacionais de Catalogação na Publicação (CIP)
(Câmara Brasileira do Livro, SP, Brasil)

Rocha, Carlos Alves
    Mediações tecnológicas na educação superior: volume 5 /
Carlos Alves Rocha. – Curitiba: InterSaberes, 2013. –
(Coleção Metodologia do Ensino na Educação Superior).

    Bibliografia.
    ISBN 978-85-8212-592-2

    1. Educação 2. Educação a distância 3. Ensino superior
4. Inovações educacionais 5. Professores – Formação
6. Tecnologia da informação e da comunicação 7. Tecnologia
educacional I. Título II. Série.

12-09973   CDD-378.173

Índices para catálogo sistemático:
1. Ensino superior e novas tecnologias: Educação   378.173
2. Inovações tecnológicas: Ensino superior: Educação   378.173

Foi feito o depósito legal.

1ª edição, 2013.

Sumário

Apresentação, 9

Introdução, 15

Tecnologias na educação, 19

    1.1   Princípios e conceitos, 22

    1.2   Objetivos, tipos e usos da tecnologia, 33

    1.3   Impactos da tecnologia na educação e na sociedade, 37

    1.4   A tecnologia e o processo ensino-aprendizagem, 48

Síntese, 54

Indicação cultural, 56

Atividades de Autoavaliação, 57

Atividades de Aprendizagem, 60

A tecnologia e a educação superior, 63

    2.1   A tecnologia no ensino superior, 66

    2.2   Interações a distância, 76

2.3   O conhecimento e a tecnologia, 82

Síntese, 95

Indicação cultural, 96

Atividades de Autoavaliação, 97

Atividades de Aprendizagem, 100

Ensino a distância na educação superior, 103

3.1   Princípios e política da EaD, 106

3.2   Aspectos legais e normativos da EaD, 117

3.3   Planejamento e uso das tecnologias na EaD, 127

Síntese, 133

Indicação cultural, 135

Atividades de Autoavaliação, 135

Atividades de Aprendizagem, 138

Mediações tecnológicas na educação superior a distância, 141

4.1   Aspectos metodológicos do ensino superior a distância, 144

4.2   Avaliação da tecnologia, 154

4.3   Avaliação na e da educação a distância, 162

Síntese, 165

Indicação cultural, 167

Atividades de Autoavaliação, 167

Atividades de Aprendizagem, 170

Considerações finais, 173

Referências, 177

Bibliografia comentada, 183

Gabarito, 187

Nota sobre o autor, 191

A Deus, supremo bem da minha vida.
À Neusa Catarina, esposa.
Aos filhos Josefred, Carla Catarina e Lara Cássia.
Aos netos Gabriela, João Pedro e Rafaela.
À nora e aos genros Laura, Sandro e Eduardo.

Apresentação

A sociedade do século XXI está diante de mudanças de paradigma que atingem a todas as atividades humanas, seja na política, na economia, na educação, na saúde, no lazer, no mercado de trabalho e em todas as áreas das relações socioambientais que envolvem os indivíduos e a coletividade.

Essas alterações ocorrem em função do acelerado desenvolvimento científico e tecnológico, que tem mudado costumes, alterado comportamentos, modificado valores. Em consequência disso, surgem tecnologias que interferem no mercado de trabalho, ocasionando o surgimento de novas profissões ou interferindo em outras, o que torna necessário um novo olhar para a formação de nossos alunos.

Essa interferência da tecnologia com decorrência nas ações educacionais é o foco principal desta obra. Nela iremos apresentar elementos importantes para subsidiar uma discussão que possa favorecer uma adequada formação de profissionais da educação envolvidos com o ensino superior, desvelando as relações da tecnologia com o ambiente, com a sociedade e com o ser humano.

Iniciaremos com uma discussão sobre a participação das tecnologias na educação, mostrando o papel delas nas várias situações sociais e educacionais pertinentes. Para uma melhor compreensão disso, estudaremos os princípios que estão na origem de cada uma delas, apresentando também os conceitos ligados a elas sob o ponto de vista histórico. Esse momento servirá de embasamento para a apresentação dos objetivos, tipos e usos das tecnologias, mostrando como elas estão presentes nas ações humanas.

A argumentação mostrada nesse ponto servirá para auxiliar os estudantes na compreensão e percepção da interferência delas na sociedade, de tal forma que eles possam saber usá-las com inteligência e suficiente conhecimento para adequá-las às necessidades de todos. Nesse sentido, é muito importante tomar ciência dos impactos causados pela tecnologia na educação e na sociedade. Isso se faz necessário para que possamos definir as melhores formas de utilização que tragam menos prejuízo à saúde, ao ambiente e às relações socioambientais, garantindo uma vida sustentável em todos os sentidos no presente e no futuro das gerações vindouras.

Iremos discutir essa mediação e interferência da tecnologia feita à revelia de todos na intenção de descobrir como elas podem influenciar e dinamizar o processo de ensino e aprendizagem das pessoas. Discutiremos sem a necessidade de um aprofundamento com muitos detalhes, mas indo mais além do que mostrar os indícios e a superficialidade das constatações. Com essa intenção, veremos como se dá a participação da tecnologia no processo de ensino e aprendizagem.

Sabemos da disponibilidade das tecnologias que estão ao alcance de todos, chegando à educação pelos mais variados meios. Alunos e professores têm acesso a elas e as inserem nas suas práticas de acordo com as necessidades. No entanto, falta um critério mais formativo e um acompanhamento pedagógico que avalie o desenvolvimento de cada um.

É nesse sentido que, no capítulo dois, passaremos a discutir a tecnologia na educação superior, tentando entender as relações dela com a modalidade de ensino a distância. Uma atenção especial será dada às possíveis interações que podemos realizar durante a prática dessa modalidade na educação superior. Esse estudo irá nos levar a conhecer a relação da tecnologia com o conhecimento, percebendo que o grande avanço científico e tecnológico tem nos levado a utilizar uma rede de comunicação global, que tem gerado comunidades de aprendizagem, de trocas de informações e conhecimentos. Esse processo altera até uma imagem que é utilizada para se referir e identificar o pensamento e o conhecimento ocidental, a da figura de uma árvore, que agora se refere à imagem de um **rizoma**.

Essa modificação de metáforas está na forma como se dá a geração e a disseminação do conhecimento. Muitas atividades científicas e profissionais baseiam a sua organização de forma hierárquica, em que os fundamentos nos quais está assentado um determinado conhecimento formam a raiz da árvore, que gera um eixo comum de pensamentos, o tronco, e este vai definir as várias subdivisões do conhecimento, os ramos. Percebemos em nossos estudos que hoje há uma tendência em relacionar o conhecimento à figura de um rizoma, espécie de caule de algumas plantas que cresce horizontalmente, geralmente subterrâneo, mas com porções aéreas que se fixam no solo em vários pontos. A comparação com um rizoma cabe perfeitamente para representar o conhecimento em rede que é gerado e disseminado globalmente, fixando-se em alguns pontos destinados a gerar novos conhecimentos que, novamente, são lançados na rede para a comunicação.

O conhecimento é elemento importante na teia de relações pessoais e institucionais. Nesse sentido, ao tratar da mediação da tecnologia na educação superior, temos que dar uma atenção especial à **ecologia cognitiva** – o estudo das relações entre os elementos técnicos da inteligência –, tendo em vista que a inteligência e a cognição são elementos primordiais no processo ensino-aprendizagem.

Já no capítulo três iremos discorrer sobre o ensino a distância na educação superior, apresentando os princípios e a política relacionadas ao uso das tecnologias na EaD. Com essa mesma perspectiva, discutiremos também os aspectos legais e normativos da EaD, bem como o planejamento e uso das tecnologias.

Passaremos a discutir no capítulo quatro as mediações tecnológicas na educação superior a distância, tecendo comentários sobre os aspectos metodológicos da modalidade relacionados a essas mediações. Toda discussão realizada com a temática até aqui apresentada irá nos levar para uma outra sobre a avaliação da tecnologia. A interferência dela na nossa vida e os impactos ambientais, sociais, mentais e cognitivos que nos afetam nos faz ter uma preocupação em avaliá-la antes de sua utilização.

Alguns trabalhos têm nos chamado a atenção em relação aos valores agregados à tecnologia, que podem ir contra os princípios educacionais da prática pedagógica, pois podem ser instrumentos de fortalecimento de ideias segregacionistas ou discriminatórias. Muitas vezes, alguns produtos de determinadas tecnologias entram na escola e em suas imagens, sons ou escritos há algo que, se usado sem um tratamento pedagógico adequado, pode chamar demasiada atenção e levar a uma aprendizagem de ideias e valores que não condizem com a formação de um cidadão crítico, participativo e transformador no meio social em que vive. Por isso se torna necessário conhecer antes a tecnologia com detalhes suficientes para se perceber tais características, fazendo uma avaliação a partir de critérios predefinidos.

Esse quarto capítulo termina com uma discussão sobre a avaliação na e da educação a distância, mas a partir da participação da tecnologia nesse processo. O livro termina com considerações que reforçam os aspectos mais importantes discutidos na obra, na tentativa de dar elementos para a definição de um uso pedagógico da tecnologia na educação superior a distância.

É importante que o leitor que fizer uso deste livro para a sua formação possa desfrutar de momentos de aprendizagem construtiva e condizente com as suas necessidades pessoais e coletivas. Para fortalecer o seu aprendizado, há atividades que complementam os textos aqui apresentados e que podem levar o aluno a refletir e a tomar de decisões conscientes sobre o melhor uso da tecnologia na educação.

Um bom estudo para todos!

Introdução

O acelerado desenvolvimento científico e tecnológico trouxe uma série de modificações nas relações sociais e pessoais. O uso indiscriminado de determinadas tecnologias, influenciado pela competente propaganda que leva ao consumo e associado ao despreparo de muitos cidadãos que não têm critérios de análise para a escolha e definição do que consumir, causa na sociedade efeitos indesejáveis, como o acúmulo de lixo reciclável.

Na formação de profissionais que vão lidar com o ensino na educação superior, é de fundamental importância que as discussões em sala de aula ocorram também sobre esses assuntos; ou seja, elas devem levar a uma reflexão profunda e se tornar um procedimento constante, uma ferramenta indispensável nesse processo. Esse é o objetivo deste livro, que apresenta elementos para que os estudantes discutam e compreendam a mediação da tecnologia na educação superior, não somente para a aquisição de um diploma que lhes dará um título acadêmico, mas que seja o desencadeador de um processo formativo que os levará a perceber a mediação das tecnologias em suas vidas.

Quando falamos de algum tipo de tecnologia, dois grupos de pessoas se destacam logo: de um lado, os assumidos e apaixonados usuários e, de outro, aqueles que não demonstram interesse e o ignoram. Há entre os dois um terceiro grupo composto por aqueles que usam sem saber por que; só sabem que devem usar porque dá *status*, é da moda. No entanto, esse grupo é o que mais está contribuindo para os prejuízos causados à natureza pelo consumo desenfreado sem cuidados e sem critérios em relação ao descarte daquilo que fica obsoleto logo, como é o caso do lixo formado pelo acúmulo de equipamentos tecnológicos. Juntam-se a esse grupo algumas (ou muitas) pessoas dos dois primeiros grupos que agem de forma igual.

Nossa ação formadora é muito importante porque pode apresentar subsídios para uma avaliação adequada do que usar para atender nossas necessidades. Esse conhecimento que nos é apresentado deve contribuir para uma análise criteriosa e, principalmente, para criar hábitos e comportamentos de uma vida saudável e sustentável para todos.

Essa é uma preocupação que está no transcurso desta obra, pois há nela a nítida intenção de fazer com que os temas apresentados sejam primordiais para a formação de um cidadão crítico, participativo e transformador do contexto em que vive. Os temas aqui abordados foram apresentados com o intuito de permitir ao formador que tenha material suficiente para iniciar um processo de compreensão em que ele e os alunos possam perceber a interferência das tecnologias em suas vidas.

Não estamos aqui advogando a necessidade de se fazer uma campanha contra o uso indiscriminado de determinadas tecnologias porque causam danos à vida, ao ambiente e às pessoas. Mas é importante que tenhamos a clareza de perceber que a nossa existência sempre foi mediada por tecnologias (rudimentares, antigas ou novas), e que estas sempre surgiram a partir de necessidades das pessoas. Nesse sentido, nossa relação com cada tecnologia deve ser equilibrada, consciente e vinculada à real necessidade em busca de uma vida saudável para todos.

O que também objetiva a discussão aqui proposta é mostrar aos estudantes as muitas relações da tecnologia com o ambiente, a sociedade, a mente humana e a cognição. Isso se dá no contexto globalizado de uma comunicação em rede, que tem gerado e disseminado um conhecimento com várias conexões, sofrendo, assim, interferências e modificações contínuas.

É nossa intenção possibilitar ao aluno momentos para iniciar um processo de troca de conhecimento com a mediação da tecnologia, de forma a não ficar escravo dela. Também queremos que ele tenha uma consciência clara e objetiva de que com ela é possível realizar tarefas educacionais sem ir contra os princípios de uma educação séria e condizente com a formação de um cidadão crítico, participativo e politicamente engajado nos debates sociais e coletivos.

É para esse cidadão que apresentamos este livro sobre a relação das tecnologias com o ambiente, as pessoas, a sociedade, a mente humana, a cognição e a vida.

Capítulo 1

Uma preocupação que está presente nos cursos de formação de professores e profissionais da educação é com o uso e influência das tecnologias na educação. Dessas, uma grande parte foi planejada e desenvolvida com um fim não educacional (rádio, televisão, internet), pois sua primitiva função é o entretenimento, a informação, a comunicação ou outra especificidade. Há aquelas que são úteis para atender uma necessidade humana e foram criadas para ajudar o ser humano a ler, escrever, registrar, alimentar-se, dormir e atender muitas outras necessidades que facilitam a vida. Assim, são tecnologias utilizadas na educação: o quadro-negro, o giz, o lápis etc.

Tecnologias na educação

Neste capítulo, apresentaremos uma discussão que objetiva compreender o papel da tecnologia na educação a partir de uma abordagem histórica que permita entender as influências e a participação dela no espaço educacional. Essa discussão irá nos encaminhar para a identificação dos princípios e conceitos envolvidos no relacionamento da tecnologia com a educação, como também dos objetivos que a tecnologia tem nas suas relações com a escola. Conheceremos ainda seus principais tipos e usos.

Continuaremos essa abordagem com uma reflexão sobre os impactos que a tecnologia ocasiona à educação e à sociedade, influenciando, assim, a vida humana nos mais variados aspectos, principalmente aqueles ligados ao conhecimento, à cidadania e à coletividade.

Concluiremos essa fase do estudo com a apresentação de subsídios para a compreensão de quais são os elementos da tecnologia e suas intervenções no processo ensino-aprendizagem, a fim de utilizar importantes recursos que possam mediar as relações da tecnologia com a educação e perceber as consequências advindas para o espaço educacional e social.

1.1 Princípios e conceitos

Para a compreensão do papel da tecnologia da informação e da comunicação na educação, faz-se necessário iniciar o estudo com uma breve abordagem que revele princípios historicamente construídos, que regem (ou regeram) a dinâmica das relações entre as duas ao longo da história.

Fazendo um estudo sobre as origens do processamento e transmissão da informação nas relações humanas, encontramos trabalhos que nos apresentam dados interessantes para entender a relação da tecnologia com a educação. Nesses trabalhos está um de Litwin, em um estudo com colaboradores entre os quais está Liguori (1997, p. 79), que nos diz:

> *O tratamento e a transmissão da informação foram evoluindo ao longo da história da humanidade. Desde o tratamento **manual**, com o uso de marcas gravadas em madeira, tabuinha e a escrita alfabética, e o tratamento **mecânico**, com o surgimento da imprensa no ano de 1439, no Ocidente, até o tratamento **automático** na atualidade com o surgimento dos computadores.*

Tal afirmação nos permite saber que a humanidade, até o presente momento, passou por três estágios no que diz respeito ao tratamento e transmissão da informação. A história tem demonstrado que o ser humano, sentindo a necessidade de se comunicar, uma das funções humanas para o ser coletivo, procurou exprimir por símbolos o que sentia, o que aprendia, o que pensava, o que queria. No princípio, isso foi realizado de forma transitória, pois os símbolos eram feitos por gestos ou colocados em suportes de curta duração, dificultando muitas vezes as relações entre as pessoas. Com o passar do tempo, essas relações se tornaram mais duradouras e passou-se a ter a necessidade de transmitir informações que alcançassem o maior número de pessoas, em um maior espaço e durante muitas gerações. Com esse fim, os seres humanos sentiram a necessidade de buscar suportes menos frágeis e que permitissem que os registros durassem mais tempo. Foi o caso de registrarem em madeiras, pedras e paredes rochosas.

A mudança na forma de tratamento acompanhou o desenvolvimento tecnológico da humanidade. Isso trouxe uma maior velocidade na transmissão e no tratamento da informação, facilitando e permitindo que houvesse um crescimento também no conhecimento.

As informações veiculadas através dos suportes propiciados pelo tratamento mecânico a partir do século XV permitiram um grande avanço no saber constituído e sistematizado pela humanidade, possibilitando trocas, mudanças significativas de valores, de profissões, de conceitos, de paradigmas e outras alterações sociais, políticas e econômicas. Isso foi crescendo numa dinâmica limitada pelo alcance da disseminação dos registros impressos, que ocorria numa velocidade bem menos célere do que a que acontece desde a difusão do uso do computador nas atividades humanas a partir da segunda metade do século XX. O advento das ações computadorizadas e da comunicação em rede possibilitada pela internet alterou a dinâmica da veiculação das informações e do conhecimento que são gerados. Esse processo ocasionou uma mudança de referencial para o poder que estava, até então, na força das riquezas materiais e nas armas, passando a haver um novo paradigma fundado na informação e no conhecimento, elementos que passaram a ser importantes nas relações sociais, políticas e econômicas mundiais. Tudo isso trouxe, novamente, mudanças de conceitos, de profissões, éticas e morais, e muitas outras.

É importante ressaltar que o computador está presente nas mais variadas atividades da vida humana, sendo um contemporâneo nosso. No entanto, a sua principal função, **computar**, não é exclusividade sua nem se origina nos tempos modernos. Podemos ver que, segundo Liguori (1997, p. 79):

> *Embora os computadores sejam artefatos do nosso século, sua história – "computar" deriva do latim **computare**, que significa "contar", "calcular" – remonta à origem dos números. A palavra "cálculo" deriva do latim **calculus**, que significa "pedrinha", "seixo". Como mencionamos anteriormente, as primeiras representações dos números consistiam em agrupamentos de pedrinhas, cordas e marcas gravadas em madeira ou tabuinhas de barro cozido.*

Como vemos, o computador tem sua origem ligada ao cálculo, pois, segundo Liguori (1997, p. 79), "o cálculo constituiu a finalidade mais imediata destas primeiras formas de representação numérica." Isso ocorreu devido aos primeiros equipamentos que serviram à humanidade para facilitar as operações de calcular terem surgido porque, ainda segundo Liguori (1997, p. 79-80), "as diversas culturas criaram diferentes artifícios: sistemas de numeração, algoritmos de cálculo e dispositivos físicos para facilitar e acelerar as operações de cômputo, por exemplo, o ábaco, inventado há 500 anos ou mais". Esses artifícios foram referências para a elaboração dos primeiros computadores.

Ligada à necessidade de agilizar as operações de cálculo estava também uma preocupação bélica, que buscava precisão e rapidez na definição e localização dos alvos militares. Para isso, procurou-se criar uma máquina que calculasse rápida e automaticamente. Surgiram assim nas décadas de 1930 e 1940, durante a Segunda Guerra Mundial, os primeiros computadores com esse fim, que posteriormente seriam utilizados pela comunidade científica e depois comercializados em larga escala.

Como percebemos, a evolução da tecnologia da informação e da comunicação está diretamente ligada aos interesses do capital e do poder político e econômico, não tendo a internet fugido dessa mesma origem. A partir do surgimento, na década de 1950 do século XX, do Advanced Research Projetcs Agency (Arpa), que tinha o objetivo de pesquisar e desenvolver tecnologias para as Forças Armadas dos Estados Unidos, é criada a rede Arpanet. Esta, desenvolvida em plena Guerra Fria entre americanos e russos na década de 1960, serve de embrião para a internet, pois tinha o objetivo de interligar em uma rede de comunicação os centros militares americanos. Depois disso, na década de 1970, passa para o domínio científico e universitário para, em seguida, ser mundialmente comercializada (Tajra, 2002, p. 17).

Essa abordagem sucinta sobre a origem do computador e da internet serve apenas para mostrar que os interesses que geram tecnologias e as colocam a serviço de suas conveniências pouco têm a ver com a educação. Por isso, é muito importante contextualizar historicamente essas tecnologias, tentando vislumbrar os interesses que estão por trás delas, entender as suas dinâmicas e as consequências na educação e no mundo sociopolítico.

Conhecer a origem de alguns conceitos e princípios também é importante para compreender as bases da relação da tecnologia com a educação. Nesse sentido, segundo Liguori (1997, p. 80), "pode-se dizer que a computação é tão antiga como o homem, já que a primeira ferramenta utilizada para computar foram os dedos das mãos. Por isso o termo *dígito* – do latim *digitus* (dedo) – é usado para indicar os signos básicos de um sistema de numeração".

Essa relação direta que a tecnologia tem com a vida humana nos mostra que as várias técnicas e artefatos produzidos pelas várias culturas, segundo o mesmo autor (1997, p. 81), "atuaram às vezes como prótese do desenvolvimento humano, e permitindo aumentar, por exemplo, a capacidade muscular, sensorial ou cognitiva". Continuando nessa linha de raciocínio, acrescenta Liguori (1997, p. 81):

> No começo do nosso século [XX], as máquinas a vapor possibilitam a industrialização: aumentam a produção massiva de bens e serviços e permitem seu rápido transporte. A função principal destas máquinas foi substituir e amplificar o trabalho físico do homem. Na sociedade atual, a informática, junto com as telecomunicações e a microeletrônica, torna possível a produção massiva e sistemática de informação, tecnologia e conhecimentos; sua função principal é a substituição e amplificação do trabalho mental do homem.

Como se vê, são dois grandes momentos separados por menos de um século de desenvolvimento tecnológico. No início do século XX, o ser humano tinha as máquinas como artefatos que substituíam ou adicionavam intensidade a sua força física, pois essas tecnologias, ao longo dos séculos anteriores e até então, serviam para executar tarefas que as pessoas não conseguiam só com o uso de seus braços e sua força. Assim, as tecnologias surgidas possibilitavam que determinadas tarefas (aquelas mais exaustivas, repetitivas, de difícil acesso ou muita mão-de-obra) fossem realizadas por mecanismos controlados por poucas pessoas, substituindo a força motriz humana ou adicionando-lhe intensidade, conforme a necessidade.

Já na segunda metade do século XX, dado a mudança de paradigma nas relações sociais, políticas e econômicas, em que a informação e o conhecimento passam a ser elementos de agregação de valor, o que se vê é a função assumida pela tecnologia de ser um substituto e amplificador das funções mentais do ser humano. A atenção está voltada agora para a criação de produtos que exigem um uso maior da inteligência, com as alterações na sociedade no que diz respeito ao mundo do trabalho, pois há mudanças nos empregos, nas qualificações profissionais, nas relações, nas condições e nos ambientes trabalhistas, segundo Liguori (1997), no livro organizado por Litwin.

Essa preocupação chega à educação, pois as atividades escolares e os currículos dos cursos de formação de profissionais da área, a partir da segunda metade da última década do século XX, passam a ter interesse na participação da tecnologia da informação e da comunicação nas ações escolares. No entanto, essa preocupação ocorre num ritmo diferente do que ocorre nas demais atividades sociais, pois a escola, com seus currículos, regras e interesses, de uma forma geral, não se preparou adequadamente para esse novo momento. Há profissionais que pensam que simplesmente permitir a entrada da tecnologia nas lides educacionais tornará a escola atualizada e contemporânea das mudanças desse tempo. Por outro lado, vale ressaltar as muitas resistências encontradas na escola, em nome de teorias, fundamentações psicológicas, políticas e sociais, esquecendo que, à revelia dos que negam e não permitem a tecnologia na educação, ela chega indiretamente à escola nas mais variadas formas pelos alunos, professores e comunidades, que acessam e fazem uso das chamadas novas tecnologias.

A tecnologia não é a salvação da educação nem lhe dará todos os respaldos para buscá-la, mas é um novo instrumento que abre possibilidades para novos direcionamentos metodológicos e pedagógicos, que podem solucionar problemas da área da informação e da comunicação, como a busca de dados para o estudo de determinado tema, a possibilidade de reuniões a distância ou também na área da pesquisa experimental, realizando a simulação de experiências de risco. Esse processo permitirá à educação melhorar o seu mister e dar mais atenção aos aspectos que dizem respeito aos valores individuais e coletivos de uma comunidade.

Para isso, é necessária uma ampla discussão sobre as relações da educação com a tecnologia existente, sendo que esta foi criada e desenvolvida sem a participação efetiva daquela, mas que lhe atinge à revelia. Isso causa impactos que precisam ser avaliados social, mental e ambientalmente, de forma a planejar as ações da educação com a tecnologia lhe servindo de recurso para a execução de suas tarefas. Essa é uma discussão em que todos na educação devem contribuir (pais, alunos, sociedade, professores, autoridades, enfim, todos os envolvidos) com um único foco: fazer educação e não deixar que a tecnologia seja um fim em si, ou que fique num laboratório, por exemplo, no caso dos computadores, e que a partir desse foco todas as atividades pedagógicas sejam programadas e executadas. Essa é uma preocupação que deve ocorrer antes, durante e depois de cada ação educacional, numa reflexão que leve à ação, e desta novamente à reflexão, num constante processo de **agir-refletir-agir**, gerando ações consequentes e transformadoras.

É preciso ter presente nessa discussão um princípio anteriormente citado e que é importante reforçar a partir do que diz Liguori (1997, p. 80):

> *Os meios e os métodos tecnológicos que se incorporaram ao campo educativo têm sua origem noutros âmbitos, geralmente nas empresas ou na área militar. Esta transposição de meios e métodos de um campo para outro, de forma acrítica, arrasta os conceitos e as valorizações da racionalidade instrumental ou técnica, de forma que, desde o surgimento dos primeiros meios audiovisuais (rádio, televisão, vídeo, etc.) até o desenvolvimento das novas tecnologias da informação, se inicia um discurso no qual se considera imprescindível a inovação tecnológica ou a moder-*

nização da escola. Esta perspectiva considera que a incorporação das novas tecnologias à educação é por si mesma determinante da melhora do ensino.

Essa afirmação vem reforçar a necessidade de uma discussão séria sobre a participação de uma tecnologia na educação antes de utilizá-la para qualquer fim, principalmente se este se relaciona ao processo ensino-aprendizagem. Uma avaliação prévia que mostre os princípios e valores agregados à tecnologia em estudo deverá ser realizada para identificar o impacto que esses mesmos princípios e valores causarão à ação educacional, devendo mostrar também as adaptações que se fazem necessárias para que a tecnologia participe do projeto pedagógico da instituição.

Por isso, não se pode correr o risco de levar para a educação uma tecnologia com seus métodos, meios e valores, sem nenhuma reflexão sobre eles, pois suas interferências podem causar transtornos à cultura e aos princípios do novo ambiente, influenciando-o de forma a modificar os hábitos. Para tanto, determinados professores e gestores usam como única justificativa a afirmação de que é moderno usar uma certa tecnologia no ensino, sem nenhuma análise pedagógica ou cuidado, e passam a fazer modificações no processo a partir das características dessa tecnologia.

Esse pensamento tem permeado a ação educacional de muitas escolas. No entanto, o que vemos é que valores da cultura de que a tecnologia foi gerada estão sendo incorporados nas atitudes, gestos, ideias, conversas e interesses das pessoas. Isso tem ocorrido sem que possamos interferir, quando, por exemplo, vemos um símbolo ou uma ideia usados por um determinado grupo sendo incorporados nos costumes das pessoas a partir de constantes divulgações por qualquer meio ou por sugestões de interessados em vender esse ou aquele produto comercial. Isso ocorre à nossa revelia quando determinados tipos de tecnologia, como um *software* ou um *site* educativo, usam certos sons, como o de uma claque, que premiam o acerto com aplausos ou desprezam o erro com vaias. Ou então usam imagens, como a de um burro, para identificar uma situação em que o aluno não chegou à resposta esperada. Dependendo da forma como ocorre e da representação que é dada, isso pode servir de incentivo para aumentar cada vez mais as diferenças e o fortalecimento das exclusões. Esse tipo de uso de imagens e sons para apresentar o resultado de uma avaliação da atividade do aluno não é recomendado, pois quem avalia pode se utilizar até do próprio erro do aluno para perceber se houve ou não aprendizagem, ou se apenas faltou pouco para isso ocorrer.

A partir desse momento na discussão é importante definir o que é **tecnologia**. Como diz Kenski (2006, p. 17), "É comum ouvirmos dizer que 'na atualidade, as tecnologias invadem nosso cotidiano'. Alguns autores contemporâneos falam mesmo que estamos vivendo em plena 'sociedade tecnológica'." Esse é um discurso que está presente em muitas discussões no espaço educacional sem que, na maioria das vezes, busque-se conhecer realmente aquilo do que se está falando. A autora (2006, p. 17) continua sua reflexão dizendo:

> O que tenho observado é que essas expressões ecoam no pensamento popular de maneira perturbadora. Aguçam a imaginação. As pessoas começam a pensar nos espaços apresentados em romances e filmes de ficção científica que exploram a oposição entre nossa natureza humana e a "máquina", forma concreta com que a tecnologia é popularmente reconhecida. Essa visão redutora sobre o conceito de tecnologia como algo negativo, ameaçador e perigoso deixa aflorar um sentimento de medo. As pessoas se assustam com a possibilidade de que se tornem realidade as tramas ficcionais sobre o domínio do homem e da Terra pelas "novas e inteligentes tecnologias" – nossa civilização dominada por robôs e outros equipamentos sofisticados, dotados de um alto grau de inteligência, em muito superior ao do "homem comum".

Essa visão não fica somente no imaginário popular, mas adentra o espaço educacional e influencia as ações dos profissionais da educação, que resistem à percepção da existência de uma relação de influência da tecnologia na educação e fundamentam suas decisões em bases frágeis e carentes de um aprofundamento mais consistente e embasado em pesquisas sérias e comprometidas com o fazer pedagógico. Diz ainda a autora (2006, p. 18) continuando o seu raciocínio:

> *"Tecnologia", no entanto, não significa exatamente isso. Ao contrário, ela está em todo lugar, já faz parte de nossas vidas. Nossas atividades cotidianas mais comuns – como dormir, comer, trabalhar, ler, conversar, deslocarmo-nos para diferentes lugares e divertirmo-nos – são possíveis graças às tecnologias a que temos acesso. As tecnologias estão tão próximas e presentes, que nem percebemos mais que não são coisas naturais. Tecnologias que resultaram, por exemplo, em talheres, pratos, panelas, fogões, fornos, geladeiras, alimentos industrializados e muitos outros produtos, equipamentos e processos que foram planejados e construídos para podermos realizar a simples e fundamental tarefa que garante nossa sobrevivência: a alimentação.*

Dessa forma, vê-se que o conceito de *tecnologia* deve ser visto como algo mais abrangente do que acima. Como vimos na citação, essa naturalidade com que são absorvidas as tecnologias que chegam à vida de todos está diretamente ligada às necessidades do nosso dia-a-dia. Nenhuma tecnologia nova é desenvolvida sem que sua construção parta de uma necessidade humana. Por essa razão, o mundo capitalista se fundamenta nesse princípio, gerando e difundindo ideias que façam as pessoas sentirem a necessidade de consumir determinados produtos, e isso dá argumentos para justificar os muitos lançamentos de produtos no mercado, sem, no entanto, haver grandes necessidades de consumi-los.

Assim, todas as atividades precisam de produtos e equipamentos que, partindo de uma necessidade, geram estudos específicos, planejamentos, construções, experimentações, incrementos e finalizações, sempre buscando uma melhoria na forma de viver. O pensamento de Kenski (2006, p. 18) vai nesse sentido: "Ao conjunto de conhecimentos e princípios científicos que se aplicam ao planejamento, à construção e à utilização de equipamento em um determinado tipo de atividade nós chamamos de 'tecnologia'."

Trazendo para o nosso estudo esses conceitos de tecnologia, podemos dizer que, segundo Liguori (1997, p. 79), "as novas tecnologias da informação e da comunicação, em particular os computadores, constituem a materialidade dos significados aos quais remetem as raízes etimológicas da palavra 'tecnologia': *techné* e *logos* (técnica e razão)". Buscando aprofundar mais esse conceito, em um dicionário etimológico, aquele que apresenta a origem das palavras, segundo Cunha (1982, p. 759), encontra-se que *techné* (técnica) é um termo que vem do grego e significa arte, habilidade. Nesse sentido, *tecnologia* pode ser entendida como o conhecimento a respeito de uma arte ou habilidade.

Uma definição melhor do termo pode ser encontrada na seguinte afirmação de Corrêa (1997, p. 250):

> *Tecnologia pode ser definida, genericamente, como um conjunto de conhecimentos e informações organizados, provenientes de fontes diversas como descobertas científicas e invenções, obtidos através de diferentes métodos e utilizados na produção de bens e serviços. Na sociedade capitalista, tecnologia caracteriza-se por ser um tipo específico de conhecimento com propriedades que o tornam apto a, uma vez aplicado ao capital, imprimir determinado ritmo à sua valorização.*

Percebemos que a palavra *tecnologia* agrega em si uma **interdisciplinaridade**, visto tratar-se de um conjunto de conhecimentos e informações que se relacionam para gerar um produto com uma peculiaridade própria. Esse produto referido é de qualquer tipo, seja ele um bem ou um serviço, tenha uma técnica simples ou bastante complexa.

A partir desses conceitos, podemos definir tecnologia como o processo desencadeado por uma necessidade humana e organizado por todos os elementos provenientes de diversos conhecimentos e informações sistematizadas, que mantêm uma relação de interdependência, para gerar um produto ou um serviço física ou simbolicamente definido.

Podemos agora passar a comentar sobre os objetivos, tipos e usos que se faz da tecnologia, principalmente quando ela se relaciona com a educação, embora, em princípio, não tenha sido criada com esse fim.

1.2 Objetivos, tipos e usos da tecnologia

No nosso dia-a-dia, utilizamos uma variedade de tecnologias. Cada tipo exige uma habilidade especial para realizar uma ação, e a isso nós chamamos de *técnica*. Algumas dessas técnicas são simples e facilmente transmissíveis entre as pessoas, passando a fazer parte da cultura da comunidade, podendo ser um elemento que identifica aquele povo, como, por exemplo, técnicas de cultivo de hortaliças, hábitos culinários etc. Há tecnologias que exigem técnicas mais elaboradas, segundo Kenski (2006), com habilidades e estudos específicos bem mais sofisticados e complexos, como pilotar um avião, lançar um foguete espacial etc.

É importante compreender que a tecnologia é um elemento que marca e identifica períodos da história, sendo um importante instrumento para definir rumos, ditar alterações e influenciar decisões políticas, econômicas e sociais. Em outras palavras, não é um marco somente a partir da modernidade. Sobre isso, vejamos a seguinte afirmação de Kenski (2006, p. 19):

É muito difícil aceitar que apenas o atual momento em que vivemos possa ser chamado de "era tecnológica". Na verdade, desde o início da civilização, todas as eras correspondem ao predomínio de um determinado tipo de tecnologia. Todas as eras foram, portanto, cada uma à sua maneira, "eras tecnológicas". Assim tivemos a Idade da Pedra, do Bronze... até chegarmos ao momento tecnológico atual.

Percebemos, então, que, ao longo do tempo, o ser humano, buscando superar as dificuldades vindas da natureza por causa das mudanças climáticas e dos fenômenos naturais, ao mesmo tempo em que satisfazia as suas necessidades básicas de sobrevivência, lançou mão daquilo que estava ao seu alcance, como pedras, minérios, madeiras, ossos etc., e transformou-os em utensílios. Esse fato definiu e marcou cada época, pois, ainda segundo Kenski (2006, p. 20), "Contava o homem primitivo com duas grandes ferramentas, naturais e distintas das demais espécies: o cérebro e a mão criadora".

A partir do uso desses dois elementos, as ações humanas são realizadas de tal forma que, segundo Kenski (2006, p. 21),

> *A economia, a política e a divisão social do trabalho refletem os usos que os homens fazem das tecnologias que estão na base do sistema produtivo, em diferentes épocas. O homem transita culturalmente mediado pelas tecnologias que lhe são contemporâneas. Elas transformam suas maneiras de pensar, sentir, agir. Mudam também suas formas de se comunicar e de adquirir conhecimentos.*

Esse envolvimento das tecnologias nas ações humanas tem auxiliado o desenvolvimento das mais variadas atividades científicas e profissionais, uma vez que elas dinamizam as várias especificidades ocupacionais, permitindo-lhes uma ampla disseminação de seus interesses, uma maior velocidade nas trocas das contribuições entre os pesquisadores e interessados, uma articulação maior entre atividades. Tudo isso ocasiona um acelerado progresso em todos os níveis técnicos e científicos.

Para que tudo isso ocorra, o ser humano tem lançado mão de vários tipos de tecnologia, que não se restringem exclusivamente às máquinas e aos equipamentos. Sobre isso, ressaltamos o que diz Kenski (2006, p. 21):

> Existem outros tipos de tecnologias que vão além dos equipamentos. Em muitos casos, alguns espaços ou produtos são utilizados como suportes, para que as ações ocorram. Um exemplo: as chamadas "tecnologias da inteligência" (Lévy, 1993), construções internalizadas nos espaços da memória das pessoas e que foram criadas pelos homens para avançar no conhecimento e aprender mais. A linguagem oral, a escrita e a linguagem digital (dos computadores) são exemplos paradigmáticos desse tipo de tecnologia.

As tecnologias da inteligência (linguagem oral, escrita e digital, por exemplo), citadas anteriormente, estão presentes nas nossas vidas, pois sem elas não teríamos o ensino como temos hoje, e nem tampouco o conhecimento teria avançado tanto e chegado aos patamares em que está no momento. Em articulação com essas tecnologias, Kenski (2006, p. 21) diz que "nós temos as 'tecnologias de comunicação e informação' que, por meio de seus suportes (mídias, como o jornal, o rádio, a televisão...), realizam o acesso, a veiculação das informações e todas as demais formas de ação comunicativa, em todo o mundo".

Kenski (2006, p. 19) afirma que:

> Muitos dos equipamentos e produtos que utilizamos em nosso cotidiano não são notados como tecnologias. Alguns invadem nosso corpo, como próteses, alimentos e medicamentos. Óculos, dentaduras, comidas e bebidas industrializadas, vitaminas e outros tipos de medicamentos são produtos resultantes de sofisticadas tecnologias.

São muitas e variadas as formas como elas se apresentam, bem como suas funções, mas todas elas, criadas a partir de uma necessidade, objetivam dar condições e meios ao ser humano para melhorar a execução de suas tarefas, ou substituir parcial ou totalmente algum órgão ou função na realização de uma ação.*

Os tipos de tecnologias apresentados até aqui foram analisados quanto à sua função e relação com o ser humano. Passaremos agora a discutir a classificação das tecnologias quanto à sua constituição e forma de apresentação. De acordo com Tajra (2002), temos:

~ **Tecnologias físicas** – *são aquelas visíveis, palpáveis, que percebemos e tocamos. Por exemplo: livros, cadernos, canetas, carteiras, computadores, rádios, aparelhos de som, internet etc. Esta última, embora virtual, é considerada física porque está diretamente vinculada à existência do meio eletrônico possibilitado pelo computador, que é concreto, visível, sem o qual a internet não existiria.*

~ **Tecnologias simbólicas** – *são aquelas representadas pelas várias mídias de comunicação como a escrita, os gestos, os desenhos, as pinturas (pictórico), os símbolos, a fala (oralidade) e outros signos.*

~ **Tecnologias organizadoras** – *são as estratégias usadas para organizar um evento, um fato, um acontecimento. Por exemplo: uma aula, uma exposição de um assunto, as dinâmicas de grupo, um projeto, um seminário etc.*

Um outro tipo de tecnologia que encontramos são as chamadas *tecnologias assistivas*. De acordo com Galvão Filho e Damasceno (2003, p. 42), "Tecnologia Assistiva é toda e qualquer ferramenta ou recurso

---

* Nesse sentido, uma **prótese** é uma tecnologia criada para substituir um órgão ou parte dele, como uma perna mecânica, um olho de vidro, uma dentadura, e outras. Já a **órtese** serve como ajuda externa para corrigir um órgão defeituoso ou melhorar uma função, como os aparelhos de ortodontia, as muletas, a cadeira de rodas etc. (Houaiss; Villar, 2001; Rey, 1999). Enquanto a prótese passa a fazer parte do corpo, a órtese é apenas um auxílio externo, temporário ou permanente.

utilizado com a finalidade de proporcionar uma maior independência e autonomia à pessoa portadora de deficiência". Assim, equipamentos, serviços, estratégias, práticas ou qualquer instrumento utilizado com esse fim podem ser considerados tecnologias assistivas.

Esse termo é usado, segundo Sassaki (1996, p. 1), em muitos "artigos sobre equipamentos, aparelhos, adaptações e dispositivos técnicos para pessoas com deficiências, publicados em inglês", apresentado como *assistive technology*. Numa tradução livre, passamos a utilizar esse termo também no Brasil, para nos referir a tudo aquilo que possibilita autonomia à pessoa deficiente.

Dependendo de sua especificidade ou área do conhecimento, costumamos encontrar a tecnologia identificada como: ciências aplicadas, arte, linguagem, engenharia, tecnologia da informação, tecnologia militar, tecnologia de defesa, doméstica ou residencial, medicinal, comercial, digital, educacional etc.

Após conhecermos os tipos e usos das tecnologias, passaremos a discutir os impactos que elas têm principalmente na educação e na sociedade.

1.3 Impactos da tecnologia na educação e na sociedade

A escola, lugar primordial da ação educativa, é um espaço que tem sofrido influências do meio externo ao longo de sua história. Temos visto nas reformas educacionais brasileiras, como na primeira Lei de Diretrizes e Bases da Educação (LDB), a Lei nº 4.024 de 1961[*], que o que favorece a mudança é mais uma ideia política ou econômica do que educacional.

---

[*] Para ver a Lei nº 4.024/1961 na íntegra, acesse o *site*: <http://www.planalto.gov.br/ccivil_03/LEIS/L4024.htm>.

Na reforma de 1961, a tônica foi favorecer um ensino que possibilitasse uma formação científica, pois era o que o momento exigia das nações depois da Segunda Guerra Mundial, fortalecido pelo o uso de códigos criptográficos elaborados com base científica tão utilizados nas mensagens internacionais, principalmente na Guerra Fria entre Estados Unidos e a então União Soviética, na década de 1960. Daí a ênfase em expandir o ensino de ciências para mais séries do chamado ensino secundário e o advento da matemática moderna, que servia para estimular um ensino com esses propósitos. Junto a isso, foi dada atenção a uma educação para todos, conforme sugeria o primeiro Plano Nacional de Educação, pois a sociedade no momento também pleiteava isso.

Já na década de 1970, com a preocupação voltada para o desenvolvimento econômico do país, surge outra LDB, a Lei nº 5.692 de 1971*. Seu eixo principal de fundamentação estava ligado à necessidade de formar técnicos para atender a demanda social e econômica, que exigia pessoas com formação profissional para trabalhar nas instituições que implantavam novas tecnologias no comércio, na indústria e nos serviços.

Esses são dois momentos na história que mostram que as grandes mudanças na sociedade e na economia e as aceleradas transformações por que passa a tecnologia trazem novas técnicas, profissões e interesses. Isso tem exigido uma constante adaptação dos trabalhadores e gestores aos novos tempos, fazendo com que a educação seja afetada em suas atividades e objetivos. Como vimos, as reformas educacionais brasileiras tiveram como motivação ideias políticas e econômicas, e isso foi o argumento para a intervenção nas práticas escolares.

Essa intervenção não é de hoje e nem ocorre por acaso, como se vê na seguinte afirmação, segundo Silva Filho (2001, p. 87):

---

* Para ver a Lei nº 5.692/1971 na íntegra, acesse o *site*: <http://www.planalto.gov.br/ccivil_03/LEIS/L5692.htm>.

> No passado, os anseios da oferta (educadores) e as necessidades da demanda (empresários) eram conflitantes. A escola única com qualidade igual para todos não era necessária, pois na primeira etapa do processo de industrialização, foi possível a países como o nosso estabelecer um parque industrial razoável contando com uma base estreita de mão-de-obra qualificada, somada a um contingente enorme de trabalhadores pouco educados e mal preparados para enfrentar desafios mais complexos.

De acordo com essa afirmação de Silva Filho, para estabelecer o processo inicial da industrialização, muitos países precisaram de pouca mão-de-obra qualificada, tendo sido necessário pouco investimento para conseguir isso. Por isso, não foi preciso preparar um grande número de pessoas nas escolas, com uma educação mais cuidadosa e voltada para os fins de que a sociedade industrial necessitava. Foi o que vimos na década de 1950, quando o Brasil impulsionou com maior determinação o estabelecimento de certas indústrias no país, como a automobilística. As fábricas instaladas utilizaram como operários pessoas sem nenhuma ou pouca qualificação escolar, sem exigir que a educação fosse alterada para que essas fábricas atingissem os seus fins. Portanto, uma escola que fosse igual para todos não era necessária naquele momento, porque a mão-de-obra existente satisfazia as necessidades da indústria. Isso aconteceu em nosso país e em muitos outros que surgiam com uma economia semelhante, associada a um capital definido e controlado por grupos de interesses variados. Por essa razão, era conflitante a relação da educação com o empresariado, pois não havia entre eles interesses convergentes, o que fez com que o empresariado não desse tanta atenção às atividades educacionais.

Do descaso, ou pouco caso, a uma atenção maior e interessada na educação que as escolas ofereciam, Silva Filho (2001, p. 87) continua o seu argumento anterior dizendo:

Hoje, no entanto, a realidade é outra. Predominam as altas tecnologias de produção e informação, e nenhum país se arrisca a entrar em competição por mercados internacionais sem haver antes estabelecido um sistema educacional onde a totalidade da população, e não só a força de trabalho, tenha atingido um mínimo de 8 a 10 séries de ensino de boa qualidade. Na maioria dos países europeus, foi preciso um século para que se atingisse essa performance, no Japão 70, na Coréia e Taiwan menos de 30 e em Cingapura menos de 20.

Tal afirmação nos mostra que a economia de mercado influenciou e influencia as escolas a apresentarem o chamado *ensino de qualidade*, ditado pelas normas da sociedade capitalista para atender os seus interesses. Assim, percebe-se que a educação nas escolas sofre ao longo do tempo interferências do contexto em que está inserida. Como vimos, uma reforma educacional ocorre – como demonstra a história da educação brasileira – quando os interesses que a fundamentam são mais ligados às questões que envolvem a economia e o capital. Nesse sentido, uma investigação na educação para identificar o eixo principal em torno do qual acontecem determinadas ações mostrará as inter-relações e as interferências que esses fatores contextuais têm no ambiente educacional. Isso fica muito visível quando se quer criar um novo curso profissionalizante e a definição de seu currículo.

Nesse sentido, ainda mostrando a interferência do contexto na educação, diz Silva Filho (2001, p. 88):

> *Para se integrar no contexto da época atual e exercer eficazmente um papel na atividade econômica, o indivíduo tem que, no mínimo, saber ler, interpretar a realidade, expressar-se adequadamente, lidar com conceitos científicos e matemáticos abstratos, trabalhar em grupos na resolução de problemas relativamente complexos, entender e usufruir das potencialidades tecnológicas do mundo que nos cerca. E, principalmente, precisa*

aprender a aprender, condição indispensável para poder acompanhar as mudanças e avanços cada vez mais rápidos que caracterizam o ritmo da sociedade moderna.

Essas exigências feitas ao indivíduo pelo contexto social e econômico fazem com que ele busque na escola uma saída para se firmar no mercado. E como reage a instituição escolar diante dessa demanda? Como ela lida com as questões curriculares de tal forma a atender essa necessidade? Para responder a essas questões, citamos o exemplo ocorrido na reforma educacional de 1971: a mudança nas estruturas e níveis de ensino – ensino de 1º, 2º e 3º graus –, e a criação de cursos e disciplinas que atendessem as necessidades em cursos técnicos profissionalizantes. E isso continua ocorrendo, mostrando que as soluções que a educação busca, na sua grande maioria, são influenciadas pelos interesses sociais e econômicos momentâneos, reforçadas pelas necessidades que os avanços tecnológicos geraram para a sociedade. É o que vemos nestas últimas décadas, quando a educação se preocupou em colocar no seu currículo uma disciplina sobre tecnologia da informação e da comunicação ou possibilitou que as demais disciplinas pudessem usufruir dos recursos desse tipo de tecnologia.

Dessa forma, as ações de **formação inicial** (aquela que o indivíduo recebe antes de iniciar o seu trabalho profissional) e a **continuada** (a que ele continua tendo durante os anos de trabalho na profissão) dos professores e gestores da educação são ditadas e gerenciadas por essa demanda do contexto. Essa interferência pode e será benéfica se o contexto educacional atender o que lhe for solicitado, sem descuidar daquilo que lhe compete como formador de um cidadão autônomo capaz de decidir o próprio destino. Como essa interferência do contexto e dos avanços tecnológicos na formação dos profissionais da educação pode repercutir nas ações futuras destes, é importante saber que haverá impactos nas atividades educacionais que eles executarão. Por isso, devemos identificar esses impactos, tentando definir o seu alcance nas relações pessoais, sociais e políticas das pessoas envolvidas.

Nesse sentido, devemos verificar se estão sendo agregados diretamente nas ações educacionais os valores que chegam à educação por causa das interferências apresentadas, ou se esses valores estão recebendo a adequada atenção para serem também instrumentos de educação. Isto é, verificar se valores como competitividade, individualismo, produtividade, lucratividade, que são usados no meio socioeconômico e tecnológico e chegam à educação através dos currículos ou dos conteúdos das disciplinas, são utilizados com a mesma abordagem ou se é dado a eles um tratamento educacional adequado. Pode acontecer que, não havendo a devida atenção aos valores que vêm agregados a determinadas ideias ou necessidades do contexto, dando-lhes um caráter educacional ou trocando-os por valores educacionais, eles sirvam de incentivo para o fortalecimento da exclusão social. Isso, ocorrendo, poderá gerar ações contrárias às exigências legais atuais em prol da inclusão daqueles que estão fora da escola por alguma razão.

Ainda apresentando argumentos sobre a influência externa na educação, mostrando que a interferência do capitalismo na sociedade é forte, ressaltamos aqui o que diz Frigotto (2005). O autor (2005, p. 81) comenta que a globalização do capital leva a exacerbar processos de exploração, alienação e de formas de exclusão e violência. Ele nos leva à compreensão de que as relações capitalistas continuam muito fortes, embora uma série de novos conceitos tenha sido veiculada na sociedade dando uma impressão contrária.

Fortalecendo esse pensamento, apresentamos um exemplo que mostra que essa interferência do capital chega também à educação. Em um seminário sobre trabalho e educação (1994), Nassim Mehedff, na época chefe de assessoria de planejamento estratégico nacional do Senai e vice-presidente para a América do Sul da International Vocational

Education and Training Association (Iveta), comentou sobre sua experiência como técnico do Banco Interamericano de Desenvolvimento (BID). Ao comentar sobre isso, ele abordou uma discussão que teve para análise de um projeto de melhoramento da USP, quando um dos diretores, representante dos Estados Unidos, manifestou-se contra o pedido alegando que, segundo Mehedff (2001, p. 143), "considerava que as ajudas internacionais ao Brasil e à América Latina não deveriam ultrapassar, de nenhuma forma, o ensino básico. Esta deveria ser a prioridade fundamental."

Continuando, diz ainda o autor (2001, p. 144):

Alguns de nós perguntávamos: por que priorizar o ensino básico implica na exclusão dos outros níveis? E a resposta que permeou a discussão foi aproximadamente a seguinte: existe um nível de mercado internacional, estabelecido (posso estar explicando as coisas linearmente, mas vou correr esse perigo) de tal forma que a determinados grupos de países cabe, para sua realização democrática, um determinado nível de escolaridade da população.

Sabemos que esse tipo de ocorrência permeia as relações entre os países e os órgãos internacionais, pois muitas ações externas chegam até nós sem explicação, mas com a imposição de uma execução imediata e sem nenhuma interferência dos beneficiários. Fica claro em tal exemplo que as intenções do capital atingem também a educação e ditam as normas.

Esses assuntos também devem ser discutidos nos cursos de formação de professores para estimular um debate que faça com que os futuros profissionais possam discutir e perceber as relações das tecnologias com os interesses do capital globalizado. Fazendo isso, é importante que as discussões ocorram de forma que os alunos que estão sendo formados não sejam meros reprodutores das ideias do capital globalizado e possam desenvolver um senso crítico comprometido com os valores éticos, morais e políticos que formam um povo. Além disso, as discussões podem ser acrescidas de temas como a exclusão digital e social, as causas e consequências desses fenômenos, e as ações dos envolvidos nesses processos.

Em relação a isso, há ações em nome de uma responsabilidade social, apregoada como uma das finalidades essenciais de uma empresa, principalmente se ela quiser obter algumas dádivas do mercado e dos órgãos financeiros governamentais. Tais ações são realizadas por pessoas e instituições ligadas a empresas ou a organizações não governamentais ou similares, como o chefe de recursos humanos, o presidente de uma empresa ou uma fundação social ligada a uma empresa, que criam e incentivam atividades de inclusão com leis, projetos e programas que se preocupam com aqueles excluídos, principalmente por causa de sua deficiência ou falta de escolaridade básica. Sabe-se bem em que termos grande parte dessas ações ocorrem e que isso se dá não porque seus executores são bondosos e querem fazer o bem, mas sim para lhes garantir uma visibilidade que lhes dê vida ativa no mercado, garantindo-lhes o lucro. Por outro lado, há também ações comprometidas com a inclusão social, mas o que deve ocorrer nas atividades formativas de professores são ações de estudos e pesquisas com o intuito de possibilitar aos profissionais da educação o desenvolvimento de um senso crítico.

O que deve ficar claro, inicialmente, é que a tecnologia, assim como a ciência, não é neutra, descomprometida, mas está a serviço de interesses, principalmente quando essa tecnologia é a da informação e a da comunicação. Esses interesses devem ser expostos e discutidos e, na educação, a tecnologia deve ser revestida dos valores éticos e morais que garantam ao indivíduo se perceber como um ser coletivo e com responsabilidades no grupo a que pertence.

Essa discussão até aqui apresentada é uma oportunidade para que tomemos consciência a fim de que as ações de formação inicial e continuada de professores tenham uma preocupação em compreender e perceber a responsabilidade das tecnologias no complexo das relações do ser humano com o ambiente, dele com a sua própria subjetividade e dele com os outros socialmente, no intuito de dinamizar a inclusão social de todos em tudo aquilo que um cidadão deve possuir para sua integridade.

Ao analisar o impacto da tecnologia na vida das pessoas, devemos discutir sobre **ecologia**, tema que pode parecer se articular com o que estamos abordando nesse momento de nossa discussão. Ocorre que a maioria das pessoas só entende ecologia quando se refere às relações que ocorrem no ambiente quando estão envolvidos aspectos da natureza ligados aos desequilíbrios biológicos, físicos ou biosféricos. Esse é um tipo de ecologia, a ambiental ou biosférica, mas o que se quer discutir são outros dois registros ecológicos: o **social** e o da subjetividade humana ou **mental**.

Entende-se ecologia como o estudo das relações que os organismos têm com o ambiente, quer seja ele biosférico, social ou mental, sendo este último aquele ambiente que diz respeito ao íntimo do sujeito, seus pensamentos, hábitos e individualidade. É importante nesta discussão perceber as várias relações que ocorrem na vida humana e a repercussão que isso tem na educação.

Guattari (2004), em seu livro *As Três Ecologias*, traz uma discussão sobre o desenvolvimento tecnológico e sua ingerência na vida de todos, salientando os desequilíbrios e as catástrofes que têm trazido muito prejuízo à humanidade. Para um desenvolvimento equilibrado, ele advoga uma articulação ética e política, que chama de *ecosofia*, entre as ecologias ambiental, social e da subjetividade humana.

Essas ecologias citadas por Guattari passam despercebidas, sendo mais do conhecimento das pessoas os temas ligados ao ambiente. O que levamos em consideração é a interferência do desenvolvimento tecnológico nas relações sociais, principalmente em relação a seus malefícios, que criam situações novas de caráter moral, ético, político, econômico e social. Essa interferência muda costumes, altera comportamentos e cria dependências, o que produz carências na vida das pessoas, retirando-lhes a possibilidade de uma vida saudável e equilibrada em todos os sentidos.

E o que dizer das relações do indivíduo com a sua subjetividade ou sua ecologia mental? Alguns estão em conflito com problemas de identidade que dificultam os relacionamentos interpessoais, com ações ensimesmadas, solitárias, mesmo quando se comunicam com várias pessoas. Essas são comunicações virtuais, que podem trazer consequências do tipo afetivo, moral e ético, ou de segurança no fluxo das informações e conhecimentos.

Trazendo essa discussão para a educação, é possível entender o que isso significa, uma vez que no espaço educacional há as condições necessárias para uma análise criteriosa, principalmente nos cursos de formação de professores, que abre um leque de possibilidades para analisar as relações que envolvem o sistema. Com os recursos metodológicos que a educação sabe trabalhar, é possível fazer isso, pois há disciplinas no contexto escolar que buscam compreender os conceitos que envolvem todas as relações humanas, desde os planos biológico, físico e biosférico, até aqueles voltados para a sociologia, a antropologia, a psicologia e outras áreas que se interconectam, possibilitando adentrar no conhecimento das relações sociais e mentais. A educação dispõe dessas ferramentas e pode fazer essa articulação ético-política que Guattari (2004) apresenta através de uma interdisciplinaridade que envolve compromissos e responsabilidades, principalmente nos aspectos que dizem respeito à vida saudável da coletividade e dos indivíduos.

Em seu livro *O paradigma educacional emergente*, Moraes (1997) apresenta argumentos que mostram uma "era de relações", relações essas dentro das quais a sociedade de hoje se encontra embrenhada. As tecnologias da informação e da comunicação trouxeram um verdadeiro labirinto de possibilidades com o qual muitos não sabem se relacionar. É papel da escola dar a essas pessoas instrumentos para que possam compreender e interagir com o meio que a circunda, possibilitando uma ecosofia que leve à formação integral do cidadão.

Já em seu livro *Pensamento ecossistêmico: educação, aprendizagem e cidadania no século XXI*, Moraes (2004) traz à discussão a necessidade de tomar consciência de que as relações fundamentais com a vida, com a natureza, com o outro e com o cosmo dependem da maneira de conhecer, de pensar, de aprender, ou seja, da maneira de ser, de viver/ conviver de uma pessoa. Moraes salienta os problemas ecológicos em todos os sentidos, relacionando-os com o desenvolvimento tecnológico e suas implicações e com as questões relacionadas à cidadania planetária e ao aumento da violência. Com isso em mente, a autora (2004, p. 13) pergunta: "Será que a tecnologia não poderia também estar a serviço da paz? Será que desenvolvimento científico-tecnológico e paz são incompatíveis?".

Tentando responder a esse questionamento, a autora vai buscar em determinados estudos, como na teoria autopoiética de Maturana e Varela, no pensamento sistêmico de Erwin Laszlo e na teoria da complexidade de Edgar Morin, respostas para descobrir novos horizontes, encontrar saídas e, principalmente, mostrar à educação pistas para interagir com essa situação. Moraes (2004, p. 15) ainda questiona:

> *Como pensar a sociedade, o indivíduo e a natureza sem reconhecer a complementaridade desses processos? Será possível continuar pensando o que é inter-relacionado a partir de modelos que rompem relações? Será possível pensar fenômenos complexos com teorias ou princípios simplificadores e mutiladores da realidade? Como compreender a complexidade do real sem ter um pensamento complexo, dialógico, inter e transdiciplinar?*

Em uma atividade que se apresenta como educacional, não se pode deixar de perceber as articulações que existem entre o indivíduo, a sociedade e a natureza. Isso se faz necessário para realizar ações consequentes e fortalecedoras de relações saudáveis para a promoção de uma sustentabilidade humana, social, política e mundial que permita um desenvolvimento equilibrado. Em todos os sentidos, tanto pessoal, como social, político e econômico. Nesse mundo de relações a que Moraes se refere, os modelos de educação, escola e ações pedagógicas são relacionados, articulando ideias, projetos, currículos, disciplinas, cursos, instituições etc. Mesmo quando dizemos que fazemos essas atividades interdisciplinarmente, ou para formar integralmente a pessoa para viver em comunidade, nós não demonstramos isso, pois as ações se apresentam sem demonstrar as relações que existem.

É necessário que essa discussão ocorra no ensino em todos os níveis (ensinos fundamental, médio e superior) dentro das proporções que dizem respeito a cada um. Não se pode abdicar dessa atividade e deixar que apenas os pesquisadores e estudiosos lidem com essas questões. Essa é uma ação de todos que lidam com a educação, tanto no momento de suas formações quanto durante as suas atividades profissionais. Caso isso seja deixado de lado, podem-se perpetuar as desigualdades e dificultar as transformações que são necessárias na sociedade e que possibilitam a inclusão social de todos, em tudo o que têm direito.

1.4 A tecnologia e o processo ensino-aprendizagem

Quando se trata de tecnologia na educação, a preocupação dos formadores não deve ser somente com a tecnologia digital e eletrônica, ou seja, somente o que diz respeito ao computador, mas também com tudo o que envolve a tecnologia imagética ou visual, a sonora, a escrita, a gestual e a simbólica. Por isso, não se descartam discussões e atividades que envolvam o rádio, a televisão, o cinema e o vídeo, o teatro, o jornal, a pintura e a arte em geral, a música e o som em suas nuances. Isso sempre com o objetivo de entender as relações dessas mídias com a educação, suas influências e interferências, fazendo com que elas sejam instrumentos para dinamizar o processo ensino-aprendizagem, mesmo que não tenham sido criadas com um fim educacional, porque, mesmo à revelia da escola, podem ter uma importante participação no processo educacional.

O exposto anteriormente mostra que a tecnologia está diretamente relacionada com o conhecimento, no nosso caso específico com aquele que é construído e transmitido na educação. As ações pedagógicas do processo ensino-aprendizagem são constantemente mediadas pela tecnologia, sejam elas físicas, simbólicas ou organizadoras. Nesse sentido, encontram-se tanto aquelas tradicionais, como os livros, os cadernos, o giz, o quadro; quanto as chamadas novas tecnologias, como o computador e a internet, que passaram a fazer parte da vida escolar.

Essa relação entre tecnologia e conhecimento é visível, pois um vai buscar no outro o que precisa para ser construído ou para armazenar e perpetuar a sua constituição ou produção. Para tanto, há a intermediação da educação, que lhes dá os instrumentos e é o meio para o desenvolvimento cognitivo, social e cultural dos indivíduos que irão continuar gerando e dinamizando tanto o conhecimento como a tecnologia. Como diz o professor Barros (1997, p. 7), "É a educação que inspira a tecnologia para a aventura de criar, inventar e projetar nossos bens fugindo aos riscos de facilmente comprá-los. Educação e tecnologia juntas para construir o mundo real sem as visões maravilhosas de um futuro tecnológico utópico e sem problemas."

Essa ligação da educação com a tecnologia mostra que esta última, por intermediação da primeira, tem um perceptível laço com o saber, com o conhecimento. Por isso, a educação tem que considerar as implicações dessa relacão na formação e na vida das pessoas, auxiliando-as com todo o instrumental pedagógico disponível e as orientações necessárias para que saibam perceber e aproveitar adequadamente os frutos de tal relação.

Advogamos aqui uma amplitude bem maior para a participação da tecnologia na educação, pois muitas vezes a história é deixada de lado, como no caso do uso do correio, do rádio e da televisão em cursos ou projetos educacionais a distância. Vemos que é assumida apenas uma tecnologia de informação e comunicação naquilo que ela tem de possibilidades para instrumentalizar o indivíduo na sua vida profissional. Exemplo disso é o uso apenas do computador como tecnologia na escola, sem nenhum vínculo com os outros meios ou tecnologias disponíveis.

Muitas vezes é deixado de mostrar a relação da tecnologia usada na escola com as outras tecnologias, saberes, culturas e interesses, aquilo que historicamente foi construído, que ela, a tecnologia, tem revelado ou camuflado e que visível ou subliminarmente atinge os indivíduos. A intenção ao fazer isso é tirar o indivíduo da passividade diante daquilo que as tecnologias apresentam como verdade única e possibilitar – pelo menos na educação – uma interação através de práticas criativas e comprometidas com o bem comum, de forma que o indivíduo desenvolva uma crítica que o faça buscar uma interação maior com essas tecnologias fora do ambiente escolar.

Outra questão a ser discutida na relação da tecnologia com o processo ensino-aprendizagem é a que diz respeito aos impactos dela na sociedade e na vida das pessoas. De acordo com Citelli (2000), há um acelerado desenvolvimento tecnológico que tem trazido alterações nas formas de aprender e sentir o mundo circundante. Isso tem acarretado muitas mudanças e ingerências nas mais variadas instituições, fazendo com que estas reajam a essas novas formas de produzir e fazer circular as informações. Por exemplo: o mercado financeiro não fica indiferente às oscilações que a telemática apresenta diariamente em relação aos índices que circulam no mercado. A Igreja não fica passiva diante do que a mídia veicula com relação à moral e aos costumes. Os políticos reclamam da imprensa pelo que divulgam. E a escola, como reage?

Nesse sentido, acrescenta Citelli (2000, p. 21): "Talvez o termo *descompasso* seja o mais adequado para designar a situação presente vivida pelas escolas dos ciclos fundamental e médio diante dos meios de comunicação e das novas tecnologias." Acrescentamos a isso: o ensino superior também age da mesma forma. Ainda segundo Citelli (2000, p. 21), há um "desencontro entre o discurso didático-pedagógico estrito e as linguagens institucionalmente não-escolares". Isso ocorre em todos os níveis de ensino, considerando-se como "linguagens institucionalmente não-escolares" o que chega à escola pelos mais variados meios de comunicação, como a publicidade, as músicas, os programas de televisão, de rádio, os jogos, a internet etc.

É ainda Citelli (2000, p. 22) quem adverte:

> *O discurso pedagógico, ocupado com as ações processadas na sala de aula, constitui a natureza "única e diferenciada" da retórica escolar. As outras linguagens pressionam a partir "de fora", existem na fala dos alunos e nas conversas dos professores, circulam entre as salas de aula, nos espaços de reunião, nos corredores, no pátio, têm existência "subterrânea".*

Ocorre que a escola parece ignorar tudo isso, ou conscientemente ou por desconhecer o alcance dessas linguagens na vida das pessoas, principalmente quando ela, escola, leva informações para mediar os processos educativos formais e não-formais. Ao fazer isso, mostra que também há outros agentes, além dela, que transmitem informação e conhecimento, pois utiliza, por exemplo, fontes dos meios de comunicação que fazem essa transmissão muito bem, restando à escola apenas utilizar metodologias pedagógicas para atribuir à informação e ao conhecimento transmitido um caráter educacional.

Essas linguagens podem ser excelentes instrumentos de mediação pedagógica, bastando para isso que a escola e os seus agentes passem a conhecer e usar esses recursos, não permitindo que eles sejam o centro da ação ou permaneçam na escola desvinculados do processo educacional, mas que sejam partícipes de relações conscientes, responsáveis e consequentes. Pode-se, por exemplo, usar uma propaganda para compreender uma ideia discutida em uma disciplina, partindo-se da identificação dos elementos que compõem as linguagens visual e sonora, e o significado de seus papéis na transmissão da mensagem. É importante que haja uma interlocução constante entre as várias mídias e a educação, de forma que cada interlocutor desempenhe o seu papel com o fim de dinamizar o processo ensino-aprendizagem, de atualizá-lo e contextualizá-lo socialmente. Por seu turno, a educação deve mostrar que está atualizada e é participante das ações dinâmicas e transformadoras da sociedade.

Por isso é importante saber que, segundo Barzotto e Guilardi (1999, p. 26),

> *Mídia e escola são dois espaços públicos, instâncias de socialização e de aprendizado social. Ambas exigem ritualização, produzindo efeitos a curto, médio e longo prazos. Fornecem informação imediata e de uso imediato e constroem um universo simbólico estruturado por referenciais de apreciação da realidade. Ambas impõem regras de comportamento social e regras de classificação do mundo social.*

Estabelecer o que pertence a uma e a outra e descobrir as inter-relações é uma tarefa que a escola não pode recusar, pois, ao deixá-la de lado ou não considerá-la, poderá perder uma excelente oportunidade de integração e atualização da educação junto aos meios de comunicação e informação. Nesse sentido, deve buscar recursos metodológicos que possam adequadamente permitir que a mídia, em todas as suas variações, seja também um instrumento educacional eficiente.

Uma importante influência midiática na sociedade e, por conseguinte, na educação, é o que nos meios de comunicação, segundo Barros Filho (1999, p. 10), é chamado de *agenda setting* (fixação de agenda): "É a hipótese segundo a qual a agenda temática dos meios de comunicação impõe os temas de discussão social. Em outras palavras: as pessoas, nas suas comunicações interpessoais, discutem prioritariamente sobre os temas abordados pelos meios de comunicação".

A escola deve fazer essa leitura do que ocorre na mídia e analisar o alcance dessa influência tanto positiva como negativa na educação. Isso poderá levar à verificação de que, segundo Barros Filho (1999, p. 11), "cada receptor, antes de comentar o que viu, ouviu ou leu, marca o produto da mídia com a sua subjetividade. Torna-se um coautor. Portanto, a incidência da recepção de cada um na agenda do grupo social é evidente". Quanta riqueza traria para o processo ensino-aprendizagem utilizar alguns momentos de grandes e polêmicos temas veiculados pela mídia para entender as mais variadas relações que permeiam a sociedade, o jogo de poder implícito nos argumentos e os consequentes desdobramentos que irão repercutir nas ações escolares.

Barros Filho (1999, p. 12) diz ainda sobre o assunto:

> A *hipótese do **agenda setting**, por impor os temas a serem tratados pelo público, tem desdobramentos. "Estabelece prioridades, hierarquiza os acontecimentos, legitima e ordena os temas de discussão". A constatação empírica desse fenômeno é bastante simples. Basta ouvir as conversas pela manhã, nos botecos, nos locais de trabalho, nas padarias, nas salas de espera, nos salões de beleza, nas escolas, etc. Aliás, é bastante*

lógico que as pessoas não tenham opinião formada sobre um número muito grande de assuntos. A especialização crescente colabora para isto. A mídia e, em particular, a televisão lhes fornece esta opinião de maneira clara, simples, fácil de digerir e simples de regurgitar.

Essa é uma questão em que a educação pode interferir quando direciona a discussão para mostrar os interesses que há por trás dos temas discutidos, bem como fazer com que os envolvidos no processo educacional possam perceber a dinâmica do conhecimento que a opinião pública gera, numa constante evolução ou involução dos saberes sistematizados e socializados.

Portanto, educação e tecnologias da informação e da comunicação têm muito o que contribuir uma com a outra. O que expusemos até aqui foram apenas alguns elementos para ajudar a reflexão e a organização do processo ensino-aprendizagem, elementos esses que justificam a relação entre ambas.

Síntese

Estudamos o papel das tecnologias da informação e da comunicação na educação, visando compreender as interferências e influências na formação de professores e profissionais da educação. Nesse estudo, percebemos que a humanidade passou por três estágios em relação ao tratamento e à transmissão da informação: o **tratamento manual**, o **tratamento mecânico** e o **tratamento automático**. Nesse sentido, percebemos também que o desenvolvimento tecnológico é que permitiu e permite essas alterações, e que, por isso, está hoje o computador presente em todas as atividades profissionais. Sua principal função, computar (do latim *computare* = contar, calcular), está diretamente ligada ao cálculo. Por essa razão, a sua origem está na atividade bélica, pois serviu inicialmente ao propósito de calcular com precisão os números que a estratégia e a inteligência militar necessitavam. Essa, também, é a mesma origem da internet, que serviu para a inteligência militar dinamizar as atividades que envolviam códigos e mensagens cifradas nas relações secretas.

O estudo permitiu perceber que o desenvolvimento tecnológico apresentou dois paradigmas importantes na história da tecnologia, que afetam a sociedade e a educação. Até o início do século XX, a humanidade tinha no uso das máquinas a vapor, que substituíam ou adicionavam intensidade à força física do ser humano, uma importante aliada para o desenvolvimento industrial. Na segunda metade do mesmo século, dadas as alterações nas relações sociais, políticas e econômicas, com a informação e o conhecimento sendo elementos de agregação de valor, o uso do computador passou a ser um substituto e um amplificador das funções mentais das pessoas. A atenção está voltada agora para a criação de produtos que exigem um uso maior da inteligência.

Também estudamos o conceito de *tecnologia*, entendendo que o termo agrega em si uma interdisciplinaridade por se tratar de um conjunto de conhecimentos e informações que se relacionam para gerar um produto com uma peculiaridade própria, podendo ser um bem ou um serviço, que tenha uma técnica simples ou complexa. Em relação aos tipos de tecnologia, podemos encontrar: as **tecnologias da inteligência** (linguagem oral, escrita e digital), as **tecnologias da informação e da comunicação** (as mídias: jornal, rádio, televisão, cinema etc.), as **próteses** (tecnologias que substituem um órgão ou parte dele como dentaduras, olho de vidro etc.) e as **órteses** (tecnologias que ajudam um órgão com problemas ou melhoram uma função, como aparelhos ortodônticos, muletas etc.), as **tecnologias físicas** (livros, cadernos, canetas, carteiras, computadores etc.), as **tecnologias simbólicas** (mídias de comunicação como a escrita, gestos, desenhos, fala etc.), as **tecnologias organizadoras** (aulas, exposições de um assunto, dinâmicas de grupo, projetos, seminários etc.) e as **tecnologias assistivas** (tecnologias utilizadas para dar maior autonomia às pessoas deficientes, como equipamentos, serviços, estratégias, adaptações etc.).

Vimos também determinados impactos da tecnologia na sociedade e sua consequente influência na educação e na formação de professores. Percebemos que esses impactos afetam as relações humanas ambiental, social, mental e cognitivamente. Dessa forma, a compreensão dos mesmos em seus aspectos socioambientais, políticos e econômicos é importante para a formação de professores e demais profissionais da educação, atingindo o processo ensino-aprendizagem.

Indicação cultural

Eu, Robô. Direção: Alex Proyas. EUA: 20th Century Foz, 2004. 115 min.

> O filme I, Robot (Eu, Robô no Brasil) traz em uma linguagem futurista acontecimentos baseados numa história de Isaac Asimov, precisamente as **três leis da robótica** criadas por ele. Na série de contos referentes ao assunto, Asimov mostrava as várias implicações da lógica dessas leis em situações absurdas e perigosas na relação dos homens com os robôs, mas resolvidas com lógica e elegância. No filme, com artifícios típicos do cinema norte-americano, a solução do crime cometido por um robô é mostrada. Os acontecimentos se dão em 2035, numa época em que os robôs são programados para viverem em harmonia com os seres humanos. Chegaremos a esse ponto?
>
> Há, no filme, elementos dignos de uma discussão sobre a relação da tecnologia com os seres humanos. Recomendamos assistir e damos a seguir algumas questões para direcionar uma discussão em grupo:
>
> 1. O que o filme apresenta de incomum em relação ao mundo de hoje? Relacione os fatos e os indicadores de um relacionamento que nos pare-

cem incomuns hoje.

2. Há possibilidades de chegarmos a esse ponto? Justifique com argumentos que mostrem essa possibilidade, baseando-se em fatos e tendências já apresentadas hoje em dia.

3. Que tecnologias surgem ao longo do filme e quais as suas relações com os seres humanos? Apresente técnicas e recursos tecnológicos e as possibilidades de uso e interferências na vida das pessoas.

4. Explore o filme com outras questões interessantes e use o conhecimento até aqui estudado para fundamentar a sua opinião.

5. O seguinte endereço eletrônico traz informações sobre o filme: <http://www.dvdpt.com/e/eu_robot.php>.

Um bom filme e uma boa discussão!

Atividades de Autoavaliação

1. Assinale a alternativa que apresenta o conceito **correto**:
   a) Tecnologia é o modo de se referir a qualquer tipo de equipamento, sem nenhuma preocupação com a sua função e as técnicas de sua construção.
   b) Tecnologia se refere apenas aos objetos que têm uma técnica sofisticada de construção, não importando a sua finalidade ou as ciências e os conhecimentos que a geraram.
   c) Tecnologia é o processo que foi iniciado por uma necessidade humana e foi organizado a partir de diversos conhecimentos e informações sistematizadas, com uma relação de interdependência que gera um produto ou um serviço definido.
   d) Tecnologia se refere aos produtos ou serviços gerados sem nenhuma preocupação com o conhecimento e as informações envolvi-

das, nem suas articulações e interdependências.

2. Verifique se as sentenças apresentada nos itens I a IV, são verdadeiras ou falsas. Depois, assinale a alternativa que apresenta a sequência correta:
   I. O tratamento e a transmissão da informação na história da humanidade passaram por três estágios: tratamento manual, tratamento mecânico e tratamento automático.
   II. Tanto o computador como a internet têm sua origem ligada a uma preocupação bélica e aos interesses do capital e do poder político e econômico.
   III. No início do século XX, o ser humano tinha as máquinas como substitutas ou como artefatos de aumento de suas funções mentais, enquanto que na segunda metade do século surgiram tecnologias que substituem ou contribuem com suas funções físicas.
   IV. Computar é a mesma coisa que digitar, pois tanto *computare* (contar, calcular) como *digitus* (dedo) são palavras de origem latina que deram origem aos termos, respectivamente.
   a) V, F, F, V
   b) F, F, V, V
   c) V, F, V, F
   d) V, V, F, F

3. Assinale a alternativa que contém a denominação de cada grupo de tecnologia apresentado nos itens I a IV a seguir, considerando a sequência de apresentação:
   I. Linguagem oral – escrita e digital.
   II. Jornal, rádio e televisão.
   III. Livros, cadernos e computador.
   IV. Ferramentas ou recursos para a independência ou autonomia da

pessoa deficiente.
a) Tecnologias da inteligência; tecnologias da informação e da comunicação; tecnologias físicas; tecnologias assistivas.
b) Tecnologias da informação e da comunicação; tecnologias da inteligência; tecnologias físicas; tecnologias assistivas.
c) Tecnologias assistivas; tecnologias físicas; tecnologias da informação e da comunicação; tecnologias da inteligência.
d) Tecnologias da inteligência; tecnologias assistivas; tecnologias físicas; tecnologias da informação e da comunicação.

4. Assinale a alternativa **correta**:
   a) O desenvolvimento tecnológico e o contexto socioeconômico causam impactos na educação e na sociedade, afetando tanto a ecologia ambiental quanto a ecologia social e a da subjetividade humana.
   b) O desenvolvimento tecnológico e o contexto socioeconômico não causam impactos na educação e na sociedade, pois as ecologias ambiental, social e da subjetividade humana existem independentes de qualquer relação.
   c) As ecologias ambiental, social e da subjetividade humana existem independentes entre si e de qualquer relação com a educação e a sociedade.
   d) As ecologias ambiental, social e da subjetividade humana existem porque são ciências trazidas pelo desenvolvimento tecnológico.

5. Assinale a alternativa **incorreta**:
   a) A preocupação nos cursos de formação de professores não deve ser somente com a tecnologia digital e eletrônica, mas também com a imagética ou visual, a sonora, a escrita, a gestual e a simbólica.
   b) Tecnologia e educação não possuem nenhuma relação, pois uma não precisa da outra para ser constituída ou para armazenar e

perpetuar a sua constituição ou produção.

c) O desenvolvimento tecnológico tem trazido alterações nas formas de aprender e sentir o mundo, com mudanças nas formas de produzir e circular as informações.

d) Linguagens institucionalmente não escolares podem ser excelentes instrumentos de mediação pedagógica, como as que chegam à escola pela publicidade, pelas músicas, pelos programas de televisão e de rádio, pelos jogos, pela internet etc.

Atividades de Aprendizagem

Questões para Reflexão

1. Faça uma enquete com as famílias em torno de sua residência sobre o que as pessoas pensam que é tecnologia. Faça a mesma enquete entre colegas de outros cursos. Veja os resultados das duas pesquisas, compare-as e faça um comentário no seu grupo de estudo ou comunidade de aprendizagem utilizando argumentos baseados no estudo feito neste capítulo.

2. Relacione os tipos de tecnologias encontradas na sua escola, tanto na sala de aula como em outros ambientes, e a cada uma delas, identificadas pela sua denominação e tipo, acrescente a função em que é utilizada. Por exemplo: cadeira de rodas, tecnologia física, usada por um colega deficiente físico na sala de aula; computador, tecnologia física, usado no laboratório de informática por alunos para fazer as suas atividades; música, tecnologia simbólica, usada pelo professor para ilustrar um tema etc. Depois, faça um comentário verificando os vários tipos de tecnologias presentes no seu dia-a-dia e que fazem hoje parte de sua vida. Lembre-se das órteses, das próteses, das tecnologias assistivas e todas as outras estudadas.

Atividade Aplicada: Prática

1. Verifique as mídias de informação e comunicação disponíveis na sua instituição de ensino, relacionando os usos a que elas se destinam. Faça uma análise desses usos e posicione-se sobre outros possíveis; faça uma pesquisa na internet para descobrir essas outras possibilidades. Os seus argumentos devem incluir os profissionais envolvidos em uma determinada prática pedagógica, como docência ou tutoria, mostrando que o processo ensino-aprendizagem pode ser mediado pelas diversas tecnologias. Guarde todo o material com as suas opiniões em uma pasta no computador à sua disposição em seu polo de estudos. Diga para seus colegas fazerem o mesmo.

Capítulo 2

Ao estudarmos a relação da tecnologia com a educação superior, tomamos como ponto de partida tudo o que foi apresentado até o presente momento. Dentro do que ocorre no contexto social e na escola, a educação superior também é atingida, e muitas vezes em suas ações reforça e dissemina ideias e interesses do mundo tecnológico e do trabalho nos cursos de formação de professores. Desvelar e entender essa influência é uma preocupação que os formadores têm que ter desde o início das atividades de formação.

A tecnologia e a educação superior

No estudo que faremos a partir de agora serão apresentados argumentos para subsidiar a discussão sobre essa influência. A intenção é que haja uma compreensão sobre as mediações tecnológicas nos cursos de graduação, licenciatura ou bacharelado, modalidade presencial ou a distância, de tal forma que isso possa contribuir para dinamizar ou melhorar as ações de ensino e de aprendizagem.

Essa discussão nos levará posteriormente para outra, pois iremos estudar os aspectos que essas mediações têm na interação presencial e a distância, tentando descobrir quais os elementos que estão envolvidos no processo e suas inter-relações. A partir disso, passaremos a nos preocupar com as repercussões que esse processo tem nos indivíduos, nos grupos e na sociedade em geral.

Discutiremos agora as mediações que as várias tecnologias promovem nas atividades que envolvem o ensino superior, mostrando aquilo que é importante para a formação de um indivíduo crítico e socialmente comprometido com o que ocorre no seu meio.

2.1 A tecnologia no ensino superior

Para entender a mediação da tecnologia nos cursos de formação de professores como disciplina ou como instrumento de apoio, é necessário ter como foco de atenção o atual contexto de desenvolvimento tecnológico crescente. Esse é um ponto importante e que não deve ser deixado de lado nos currículos das instituições.

Observamos, na grande maioria das vezes, que apenas os profissionais diretamente ligados a essa temática é que defendem e advogam a permanência e a dinamização da tecnologia como **disciplina** ou como necessidade no curso. Como discutido anteriormente, o complexo de relações que a tecnologia tem com o conhecimento forma um sistema relacional que envolve várias áreas do saber organizado e difundido na e pela escola, tornando a tecnologia uma importante aliada da educação. Essa ideia é reforçada pelo seguinte argumento de Behrens (2003, p. 69), "O advento da economia globalizada e a forte influência dos avanços dos meios de comunicação e dos recursos de informática aliados à mudança de paradigma da ciência não comportam um ensino nas universidades que se caracterize por uma prática pedagógica conservadora, repetitiva e acrítica."

É nesse sentido que trazemos essa argumentação para que seja incluía no processo de formação de professores e profissionais da educação, tanto inicial como continuada. É importante que a tecnologia seja uma disciplina nessa formação, como encontramos em algumas instituições com a denominação de "tecnologia da informação e da comunicação na educação", ou de outro modo que demonstra, a partir do nome, o seu papel no currículo.

Dada a sua constituição, como estudamos na primeira parte deste livro, essa disciplina será importante na formação para possibilitar momentos de reflexão para que alunos e professores de um curso que tem a disciplina citada anteriormente percebam o alcance que o desenvolvimento tecnológico tem em suas vidas. Tal disciplina também poderá mostrar as possibilidades que apresenta para auxiliar na compreensão de temas como **biotecnologia, tecnologias assistivas** ou outros trazidos por esse desenvolvimento à sociedade e à educação. Por isso e pelos recursos de apoio, de informação e de comunicação que ela apresenta, poderá auxiliar e articular-se com as demais disciplinas dos currículos dos cursos.

Outro aspecto a considerar é o seguinte: a escola, por conta de uma legislação e de programas governamentais, deve proceder à inclusão de pessoas deficientes nas atividades de ensino e aprendizagem. Despreparada, não tendo participado das discussões sobre a temática, não pode compreender as razões para incluir as pessoas com alguma deficiência que a procuram. A saída encontrada por certas instituições é não fazer ou fazer sem muita atenção e preparo.

Nessa discussão sobre inclusão da pessoa deficiente na escola, é importante saber o papel da tecnologia nesse processo. Há a chamada *tecnologia assistiva*, já apresentada neste livro no capítulo anterior (*1.2 Objetivos, tipos e usos da tecnologia*), que, segundo Sassaki (1996, p. 1), "é uma ampla gama de equipamentos, serviços, estratégias e práticas que são concebidas e aplicadas para melhorar os problemas encontrados pelos indivíduos com deficiências". Isso pode ser considerado para auxiliar o deficiente nas suas relações com as pessoas e com a sociedade, pois na escola podemos fazer determinadas adaptações de móveis, de teclados do computador, de espaços, ou criar algum serviço de atendimento a determinada necessidade do deficiente, ou de confecção de órteses com materiais recicláveis etc. Essas tecnologias podem ser um dos aliados para favorecer uma inclusão consciente, comprometida, séria e consequente. No entanto, não podemos prescindir de um planejamentoestratégico adequado, real e conhecedor das múltiplas relações que envolvem o problema.

Em relação a isso, na formação de professores podemos destacar a importância de um planejamento a ser feito, o do **trabalho multidisciplinar** na escola, que envolve a participação dos mais variados profissionais, desde o professor e o coordenador pedagógico, passando pela família, as autoridades, os terapeutas, os arquitetos e outros profissionais ligados à área. É claro que existe uma questão estrutural e administrativa que deve ser atendida, pois na escola pode não existir pessoal para integrar as ações dos citados profissionais e ser necessário contratar ou recorrer a outros meios. Um desses meios é aproveitar os profissionais que já estão envolvidos por uma iniciativa da família, ou de instituições que oferecem determinados serviços, sem acarretar maiores ônus para a escola, pois os profissionais já têm vínculo com sua instituição de origem, quer seja ela pública ou privada. O importante é esse comprometimento que os envolvidos têm em comum, pois muitas vezes a ação de acolhimento e permanência do indivíduo deficiente passa por adaptações de espaço, mobiliários, equipamentos, pessoas e programas, que equilibradamente irão atender o deficiente que chega e os demais que já estão lá.

O que se vê são duas situações características: ou se dá uma atenção demasiada ao deficiente e se excluem os demais, ou o deficiente é ignorado e continua-se com a atenção aos demais como sempre se fez. Nesse sentido, a tecnologia pode ser o diferencial quando se faz uma avaliação prévia para se saber o impacto e todas as relações envolvidas no processo de inclusão, considerando não somente o ambiente nos aspectos físicos espaciais e instrumentais, mas também a socialização entre os indivíduos e as implicações que dizem respeito à coletividade. Além disso, não se pode esquecer dos aspectos que envolvem a subjetividade (mental e cognitivamente) de todos.

Dessa forma, a atenção volta-se para as **tecnologias físicas** (equipamentos, mobiliários, instrumentos de comunicação e informação, adaptações espaciais estruturais, próteses, órteses etc.), tentando fazer a adequação necessária para uma inclusão confortável e suficiente para todos. Com o mesmo propósito, são utilizadas as **tecnologias simbólicas** (escrita, gestos, sinalizações, verbalizações, simbologias etc.) e as **organizadoras** (projetos, planos, estratégias, procedimentos, aulas etc.), de tal forma que a articulação entre todas permita uma complementaridade eficaz.

Deve haver a mesma preocupação com as **ecologias** (ambiental, mental, cognitiva e social), tentando estabelecer o papel dos envolvidos nas múltiplas e necessárias relações dos indivíduos com o ambiente circundante, com as que ocorrem entre eles na sociedade e com os seus pensamentos, hábitos e intelectos.

A inclusão de pessoas deficientes na escola e na sociedade é um excelente momento para pôr em prática as ideias apresentadas até aqui e deve ser tema nos cursos de formação de professores. Para essa inclusão, advogamos uma preocupação que não fique restrita apenas às pessoas deficientes, mas que seja mais ampla, sem discriminar ninguém por nenhuma razão, dando a todos acesso à educação que têm direito. Consideremos nesse sentido o seguinte argumento de Pinheiro (2003, p. 103):

> *Entendo que as duas características mais importantes e, por isso mesmo, mais estruturais de qualquer política pública são a **Universalização e a Democratização**.*
>
> *Universal seria a condição da política pública que atendesse ou abrangesse toda a diversidade humana: homens e mulheres, jovens e velhos, brancos e negros, hetero, bi e homossexuais, gordos e magros, habitantes do campo e da cidade, ricos e pobres etc., incluindo-se "os portadores de deficiência" de qualquer grau e tipo.*

É a essa inclusão que fazemos referência e ela merece atenção na educação, na sociedade e na vida. No que diz respeito à escola, valem as mesmas recomendações feitas anteriormente para a inclusão da pessoa deficiente.

Com toda essa argumentação, percebemos que a escola participa de um sistema de relações muito complexo e não pode ficar presa apenas a determinadas relações, como, por exemplo, somente as que dizem respeito à aprendizagem do aluno. Nesse sentido, a formação de professores passa por uma discussão que requer uma atenção especial de quem trabalha com essa área nas instituições de ensino superior, pois o foco das atenções se deslocou de uma perspectiva que tinha como centro os aspectos metodológicos, pedagógicos e curriculares para uma outra perspectiva mais complexa que envolve todo o contexto escolar, conforme Garrido (2002). Essa complexidade exige, dos formadores, constantes atualizações, uma pesquisa comprometida com as transformações sociais, científicas e tecnológicas e uma percepção clara de que vivemos mudanças paradigmáticas significativas.

Tendo em vista tal perspectiva, os cursos de formação de professores devem procurar compreender os rumos dos acontecimentos de hoje, identificando com detalhes como eles são constituídos, onde foram originados e quais as suas intenções para determinar as suas interferências e participações no processo de formação. Isso se faz necessário para se estabelecerem os elementos essenciais das informações e conhecimentos que, juntamente com os do passado, irão constituir os conteúdos curriculares. Para tanto, é importante considerar, segundo Moraes (2004, p. 58-59), o seguinte:

> *Para compreender qualquer objeto é preciso mapear o seu sistema relacional, ou seja, entender a configuração de suas relações; compreender, de maneira sistêmica ou complexa, o seu padrão organizacional desde que este não seja destruído ou desde que não se destrua o conjunto de*

relações que o configuram. Quando dissecamos uma célula, destruímos o seu padrão organizacional e o que pode ser conhecido a partir daí são os seus componentes e não mais a organização celular em si. [...] A perda da vida leva consigo a sua dinâmica organizacional. O sistema de relações é garantidor da vida, da sua identidade e funcionalidade sistêmicas.

Baseando-se nessas afirmações de Moraes, percebemos que os argumentos anteriores são o resultado de um estudo ecossistêmico, ou seja, um estudo do sistema de relações que atuam na formação dos professores. O foco é nos elementos gerados pelo relacionamento entre educação, tecnologia e o mundo do trabalho, instâncias sociopolíticas importantes nas formações profissionais de hoje, visando compreender os seus padrões organizacionais. Tal compreensão é importante tendo em vista a necessidade de mapear esse sistema (seus problemas e interferências) com o intuito de estabelecer os focos de atuação dos envolvidos, buscando determinar a identidade e a funcionalidade sistêmicas. Vale ressaltar, ainda segundo Moraes (2004, p. 59), também o seguinte:

Voltando ao mundo da física clássica, sabemos que ele era constituído de objetos isolados submetidos a leis que eram universais como, por exemplo, a lei da gravidade. O fato de ser isolado indica que é fechado e distinto, sinalizando que o observador não participa de sua construção. Ao ser fechado, indica também que possui uma natureza auto-suficiente independente do meio onde está inserido. Assim, não existiriam os fluxos nutridores, a interpenetração sistêmica de energia, matéria e informação entre objeto e o meio onde está inserido.
Mas, a partir da evolução da ciência, em especial da física quântica, descobriu-se que os objetos não estavam separados uns dos outros, mas unidos por fluxos de energia e matéria em interações constantes. Verificou-se que, para compreender o objeto, era preciso compreender também as inter-relações, ou seja, o seu padrão organizacional.

É esse nível de aprofundamento que a formação de professores e profissionais da educação deve atingir, levando essas ideias para o centro das discussões. A primeira coisa que um curso de formação deve compreender é o seu próprio padrão de organização, entendendo as relações envolvidas, suas ingerências e importâncias a fim de determinar os rumos da ação e saber onde agir na hora de corrigir desvios. Depois, deve estimular os alunos a uma prática condizente com esses princípios, de forma que possam definir e planejar a vida profissional futura.

Assim como na física percebemos o fluxo e as trocas de energia, também é importante que percebamos as trocas constantes de matéria e outros elementos que há nas relações que temos num sistema. Um exemplo é o fluxo das informações que ocorre no sistema educacional, proporcionando uma coleta de dados que são processados e que vão gerar novas informações e conhecimentos; esse é um exemplo que, se for analisado, mostrará muitas inter-relações. Outros exemplos existem no meio das atividades educacionais e das pessoas que interagem com o sistema, como na formação de professores. Tudo isso acontece de forma contínua, alimentando o sistema e mantendo-o equilibrado e produtivo, demonstrando que há um padrão organizacional.

Uma preocupação que a formação de professores deve ter e não abandonar é o papel que as tecnologias têm na educação e, em consequência, no currículo da formação. Grande parte das tecnologias que surgem hoje e são consideradas essenciais à vida humana chegam à sociedade sem a participação das pessoas, à revelia de seus interesses e necessidades. Tais tecnologias são impostas de forma que os indivíduos as assumam como indispensáveis e, portanto, necessárias.

Dessa forma, cada nova tecnologia passa a fazer parte da vida das pessoas abrindo-lhes novas oportunidades, novos meios de comunicação, levando a ciência e o conhecimento a rever os seus conceitos. Um deles é o conceito de **tempo**. Assim, hoje existem duas formas de comunicação: a comunicação **síncrona** (em tempo real, *on-line*, no mesmo instante) e a **assíncrona** (em tempo não-real, *off-line*, em instantes diferentes). Essas espécies nos oferecem outras possibilidades de interação e, com a grande disseminação geográfica dessas possibilidades, uma comunicação com um maior número de pessoas em vários lugares do mundo.

Ao mesmo tempo em que isso aproximou pessoas distantes geograficamente, tornou outras dependentes ou usuárias frequentes das tecnologias de comunicação a distância, como também dos serviços e entretenimentos, fazendo com que o uso dessas novas técnicas ocupasse grande parte de seus tempos. Na contramão disso, as relações pessoais diminuíram a ponto de nos grandes centros as pessoas serem vizinhas e estranhas.

Esse é um exemplo, entre muitos outros, de um fenômeno social que também deve ser preocupação nos cursos de formação. Além disso, não se podem esquecer as consequências que atingem o indivíduo na sua relação consigo mesmo, no conhecimento do seu eu interior, na troca de hábitos e costumes isolados e subjetivos que alteram o comportamento e tudo que está ligado à ecologia de sua subjetividade a fim de evitar o detrimento de uma vida social saudável e comprometida com o bem comum.

Também são assuntos para discussões e enriquecimento do debate em relação à presença da tecnologia na educação tudo o que diz respeito ao consumismo desenfreado, acrítico, supérfluo. As compras de hoje são feitas com vistas já nos futuros lançamentos, na troca a ser feita daquele objeto algum tempo depois. Isso tem gerado um resíduo tecnológico que causa impactos no ambiente, na sociedade e na própria vida das pessoas. Esse é mais um argumento da necessidade de articulação das ecologias ambiental, social e da subjetividade humana (mental).

Em consequência disso, a obsolescência dos produtos ocorre muito rapidamente ao ponto de algumas tecnologias já trazerem embutidas nos seus preços a durabilidade de suas vidas úteis. Antes de isso ocorrer, o custo de um produto era calculado a partir do valor da matéria-prima e da mão-de-obra. Hoje há uma série de valores agregados que vão desde o descarte rápido do produto até a propaganda futura e tudo o que lhe diz respeito, como grife, destinatários etc.

Outra questão a se considerar é a que diz respeito às alterações na moral e na ética. Os avanços da biotecnologia têm trazido à baila algumas discussões que envolvem a ciência, como no caso dos transplantes, na clonagem de células e seres vivos, no uso das células-tronco, no conhecimento do código genético (Projeto Genoma), na questão dos transgênicos, entre outros. Isso tem alterado as formas de entender e tratar os assuntos ligados a esses temas, sendo necessário, muitas vezes, mudanças na legislação. Tudo isso tem feito prosperar uma ciência nova, a **bioética**, que tenta explicar e preencher o vazio das compreensões necessárias desses fenômenos dos novos tempos.

Percebemos com tudo isso que é muito complexa a ligação da tecnologia com a sociedade e a vida e, em consequência, com a educação superior. Há um grande desenvolvimento tecnológico que afeta a vida de todos, criando novos conceitos, novos comportamentos, os mais variados fenômenos e situações novas que requerem estudos, pesquisas, adaptação de currículos, metodologias e uma série de elementos de caráter pedagógico e educativo.

Como todos esses pontos apresentados até o momento têm uma grande importância na formação dos professores, coloca-se a necessidade de não se restringir às tecnologias da informação e às da comunicação o conteúdo da disciplina específica de estudo sobre a tecnologia na educação nos cursos de formação ou nas discussões dessa temática nos cursos. Deseja-se, assim, que a disciplina tenha um novo olhar e os currículos possibilitem aos indivíduos irem mais além. Para isso, tem-se em vista o sistema de relações que a tecnologia tem com a formação dos profissionais, constituindo-se um grande leque de possibilidades de suas futuras ações e exigindo-se atenção a elas.

Desse modo, além de ter momentos para instrumentalizar o futuro professor em relação às tecnologias da informação e da comunicação, também recomendamos dar atenção a outras tecnologias, novas ou não, como o uso do cinema, da imprensa escrita, do rádio, das artes (como pintura, música, teatro) etc. Isso será feito desvelando os elementos importantes que têm implicações diretas ou indiretas com a formação, dando-lhes uma roupagem educacional sistêmica, equilibrada e consequente. Essa preocupação deve ocorrer devido às interferências da tecnologia nas ecologias ambiental, social e mental (da subjetividade humana), envolvendo totalmente o ser humano em sua relação com a natureza, com os outros seres e consigo mesmo, em uma **dialética** constante que forma a dinâmica da vida em todos os níveis: material, mental e espiritual.

Nesse sentido, a disciplina **tecnologia da informação e da comunicação na educação**, que alguns cursos de formação têm no currículo, deveria mudar a sua denominação ou ter o seu enfoque alterado em função das ideias até aqui apresentadas, com o seu conteúdo indo muito além dos aspectos de instrumentalização do aluno para a sua futura profissão. É melhor que no currículo dos cursos de formação de professores a disciplina se intitule apenas de **tecnologia e educação**, **tecnologia, educação e inclusão social** ou outra denominação que reflita esses aspectos.

Desse modo, a formação passará a ter uma preocupação e uma prática que incentivem os futuros profissionais a uma participação maior no sistema de relações que envolve a sociedade, a política, a economia, o mundo do trabalho e seus atributos. Essa formação também estará inserida em um contexto constantemente atualizado e comprometido com um desenvolvimento sustentável equânime na partilha dos bens coletivos e individuais.

2.2 Interações a distância

A tendência das pessoas diante das modalidades de ensino presencial e a distância é querer compreender uma a partir dos referenciais da outra. Ou seja, quando se apresenta a um público leigo a modalidade de ensino a distância, muitas pessoas se utilizam de elementos da presencial e passam a aceitar ou rejeitar o ensino a distância, levando em conta apenas um aspecto como diferencial: a distância física entre o professor e o aluno. Os demais aspectos passam a ser secundários nas duas modalidades.

É importante compreendermos que as duas modalidades têm as suas especificidades, muito embora possuam princípios e objetivos semelhantes. Com o desenvolvimento tecnológico, a educação a distância assumiu um papel importante na socialização e no acesso ao conhecimento para muitas pessoas, criando condições e oportunidades nunca vistas antes na história.

Paralelo a isso, o ensino presencial continua inacessível para muitos, tendo em vista alguns motivos: evasão escolar para ingresso no mercado de trabalho informal muito cedo, grandes distâncias geográficas dos locais onde a presença da pessoa é fundamental para o ensino, custos elevados diante do poder aquisitivo do indivíduo, e outras razões individuais e coletivas. Mesmo com o uso das tecnologias no ensino presencial, muitas dificuldades não são eliminadas e o fato de usá-las não é garantia de um ensino de qualidade, assim como no ensino a distância, pois para isso em ambos é preciso muito mais que tecnologia.

As atividades educacionais, quer sejam presenciais ou a distância, têm nas tecnologias um excelente instrumento para atingir os seus objetivos. Com o advento do computador, muitas possibilidades administrativas, didáticas, pedagógicas e metodológicas puderam ser vislumbradas nas escolas. A primeira delas foi a de informatizar as ações administrativas, o que tão bem a maioria das escolas soube fazer. Muitas delas ficaram somente nisso, deixando um ou alguns computadores em um local à disposição de interessados, alunos ou professores para usá-los como bem quiserem em suas atividades discentes e docentes. Isso muitas vezes serve de motivo para propagandas e para dizer que a escola se modernizou.

Os recursos da informática foram melhorados com a chegada da internet. Apesar de os computadores com alguns programas já terem trazido muitas possibilidades de interação, foi com a comunicação em rede que isso foi melhorado e tornado mais visível para as pessoas que realizavam atividades interativas. Mesmo assim, a utilização desses recursos não deve ser feita sem uma avaliação prévia e criteriosa para identificar o potencial de cada recurso.

Sem essas novas tecnologias, as interações entre as pessoas envolvidas em um processo de ensino e aprendizagem só poderiam ser feitas, na grande maioria, presencialmente, com poucas e difíceis possibilidades de acesso a determinados recursos que ampliassem as interações para além do momento presente e do mesmo lugar. O telefone, o rádio, a televisão e outras mídias não eram, e ainda não são, tão utilizadas na educação. Dizendo isso, não queremos que elas passem a participar do processo educacional alheias aos seus princípios e interesses, sendo o centro de determinadas ações ou realizando-as isoladamente.

Com as novas tecnologias, passamos a contar com um ambiente que não imaginávamos existir nas relações humanas até a chegada a nossas vidas. É o **ambiente virtual**, que veio trazer inúmeras possibilidades. É importante que conheçamos alguns aspectos nessa discussão.

Demo (2006, p. 88) nos apresenta uma consequência desse ambiente virtual, quando diz: "Dentro desse mundo de polêmicas sem fim, vou centrar-me num tópico que me parece estratégico para repor a importância das tecnologias em educação, em especial para a educação à distância, que são as *oportunidades virtuais*." [grifo do original]. De acordo com o autor, elas são possibilidades de haver entre as pessoas uma presença não-física, possibilitando interações a distância.

Tais oportunidades passaram a acontecer com o surgimento do computador e da internet, utilizando comunicações síncronas ou assíncronas, como explicamos anteriormente. Na educação, elas permitiram um tipo de relação entre o docente e o aluno que possibilitou estabelecer novas normas e critérios tanto para incrementar o ensino presencial como para desenvolver o ensino a distância.

Continuando a sua abordagem, o autor nos apresenta estudos de outros pesquisadores nos quais surge a figura dos **estudantes virtuais** como sendo os aprendizes que se conectam em rede, formando as comunidades virtuais. Tudo isso ocorrendo em consequência da integração possibilitada pelas novas tecnologias, conforme Demo (2006).

Essa é uma interação de que o ensino lança mão para ampliar a participação dos alunos para além de sua presença em sala de aula, tornando mais acessível o contato entre eles e também com o professor. Isso pode resolver problemas como o desencontro alegado pelos alunos para os seus trabalhos em grupo, a colaboração entre si e muitas outras atividades.

A contribuição mais significativa das oportunidades surgidas pelo uso das novas tecnologias na educação foi o aumento do acesso ao ensino possibilitado pela educação a distância. Essa possibilidade veio aumentar a oferta de vagas e hoje vemos muitas instituições oferecendo os mais variados cursos ao alcance de muitas pessoas, não importando a distância. Ressaltamos, com base nessa constatação, que a EaD deve buscar uma qualidade igual ou próxima daquela oferecida pelos melhores cursos presenciais.

Não é pelo fato de ser ensino a distância que devemos oferecer cursos apenas para resolver um problema burocrático de conferir um documento de aquisição de um título, a fim de que a pessoa possa usufruir dos direitos que a nova titulação lhe concede em relação a salário e avanço numa carreira profissional. Essa consequência naturalmente vai ocorrer, mas não podemos deixar de ofertar cursos com uma proposta própria desse modelo na qual todos os recursos e possibilidades são canalizados para uma educação integral do indivíduo. O projeto pedagógico desses cursos deve vislumbrar uma educação em sintonia com a realidade dos estudantes, permitindo a formação de comunidades de aprendizagem por meio da dinamização e do fortalecimento da autoaprendizagem do aluno, com acompanhamento e avaliação condizentes para a transformação do seu meio e das necessidades individuais e comunitárias do século XXI.

A interação permitida pela comunicação em rede trouxe à sociedade de hoje uma mudança de paradigmas que afeta as relações humanas. Sabemos das mudanças de valores na esfera ética, moral, política e outras, que fizeram com que as pessoas mudassem seus costumes e assumissem novas posturas diante de certas ações. Exemplos são as transações bancárias via internet ou o envio de propagandas e outros textos não solicitados com os quais essas pessoas passaram a conviver e a se preocupar devido ao risco de roubos virtuais e invasões de privacidade.

Essa é uma preocupação que deve estar presente na educação, pois todo esse processo afeta diretamente as interações humanas, como constatam alguns autores. Vejamos o seguinte argumento de Lévy (2001, p. 16):

> *Pouco a pouco, sem que tenhamos nos dado conta imediatamente, o mundo chegou às nossas mãos e fizemos dele nosso campo de ação. A envergadura de nossos atos aumentou até atingir a outra margem. Temos clientes, sócios ou amigos por toda parte. No mesmo movimento, aprendemos progressivamente a maneira de nos dirigir a **todo mundo**. Nossos compatriotas estão em toda a Terra. Nós começamos a constituir a sociedade civil mundial.*

Percebemos que as pessoas estão cada vez mais em contato umas com as outras no mundo virtual. Mesmo no contato direto, físico, esse relacionamento aumentou, o que constatamos pelas facilidades e ofertas que são apresentadas para as pessoas viajarem para muitos lugares, próximos ou distantes. Ao mesmo tempo, outras pessoas são excluídas dessas oportunidades, pois não têm os recursos necessários para usufruir das comodidades que lhes são apresentadas. Podemos também verificar que esses relacionamentos trazem problemas dos mais variados tipos (como a invasão de privacidade com o envio de material não solicitado ou pessoas que usam a comunicação se passando por outras), que também devem ser uma preocupação de qualquer proposta educacional.

Essa realidade ocasionada pelas novas tecnologias não pode ser esquecida, mas as possibilidades que se apresentam devem ser utilizadas com bom senso, de tal forma que possam garantir o uso adequado no ensino. As relações humanas foram ampliadas para distâncias até há pouco tempo inconcebíveis, possibilitando criar muitos ambientes virtuais de aprendizagem eficientes que, acoplados a uma proposta séria e comprometidos socialmente, podem ser instrumentos eficazes na transformação social.

Lévy (2001, p. 17) reforça esse posicionamento quando diz:

> Nós não somos mais sedentários, somos móveis. Não nômades, pois os nômades não tinham nem terras nem cidades. Móveis: passando de uma cidade a outra, de um bairro a outro da megalópole mundial. Vivemos nas cidades ou metrópoles, que se relacionam umas com as outras, que serão (que já são) nossas verdadeiras unidades de vida, bem mais que os "países". Ou, ainda, vivemos no campo, em casas que são como navios em pleno mar, conectados com todas as redes.
> Nós somos budistas americanos, programadores indianos, ecologistas árabes, pianistas japoneses, médicos sem fronteiras. Estudantes, para

aprender em outros lugares, circulamos cada vez mais em torno do globo. Vamos onde podemos nos tornar úteis. Graças à Internet, damos a conhecer, em escala planetária, o que temos a oferecer. Produtores de vinho ou de queijo, instalamos um sistema de venda por correspondência na Web. Nossa geração está inventando o mundo, o primeiro mundo verdadeiramente mundial.

Como vimos, há uma grande movimentação das pessoas hoje como nunca houve em outros tempos. Esse movimento cria situações que necessitam a nossa atenção. Não podemos em hipótese alguma ignorar esses fatos sob pena de tomarmos atitudes que não solucionarão os problemas, sendo apenas paliativas e minorando as consequências, ou, até mesmo, que poderão aumentar o problema. Percebemos que esses são problemas de ordem ambiental, envolvendo aspectos físicos das redes, localizações, estruturas, espaço, tempo, entre outros, como também de ordem social e intelectual (mental, subjetiva).

Tudo isso afeta também as relações educacionais, pois podemos olhar para esse novo ambiente descrito acima como um excelente espaço para o aumento do acesso à educação, combatendo uma exclusão histórica que não permitia a muitos indivíduos esse acesso. Mas é claro, repetimos, que simplesmente aumentando o acesso não está resolvido o problema da exclusão das pessoas ao direito universal à educação.

Muitos recursos estão disponíveis para possibilitar o ensino a distância, pois oferecem oportunidades de interações síncronas (*on-line*) ou assíncronas (*off-line*). Mas para isso devemos ter um cuidado muito grande nos usos, fazendo antes uma avaliação para determinar os seus potenciais, as possibilidades educacionais ao usá-los no processo ensino-aprendizagem e os impactos que terão no ambiente, na sociedade, na cognição e na mente dos indivíduos. Por exemplo: alunos utilizando com frequência os recursos de internet terão que replanejar os seus tempos a fim de, entre outras atividades, atender as necessidades do curso a distância para participar das aulas, realizar as atividades, interagir com os colegas e professores etc. Para isso, há uma necessidade ao planejar um curso de se preocupar com o tempo a ser utilizado diante do computador, levando-se em conta as prioridades de vida dos alunos como também suas saúdes física e mental, pois o uso dos recursos de internet trará impactos positivos e negativos na vida de cada aluno. Nesse planejamento, a preocupação principal é com a possibilidade de acesso que os alunos terão, pois muitas instituições pensam num curso com recursos muito sofisticados, mas os alunos terão dificuldade de acesso por não possuírem tais recursos pessoalmente ou em locais próximos. Nesse sentido, um trabalho de qualidade pode ser feito com recursos mínimos, simples, amigáveis e de fácil acesso, com impactos facilmente administráveis.

As interações possibilitadas por esses recursos devem estar sempre de acordo com o projeto pedagógico da instituição e do curso, de forma a incrementar a prática pedagógica docente e escolar, apoiar e desenvolver a autoaprendizagem do aluno e facilitar a avaliação em todas as suas instâncias. Tudo isso permitirá melhorar a qualidade da ação de todos, bem como a disseminação dos resultados e a retroalimentação (*feedback*) do processo educacional. Esta deve gerar instrumentos para a gestão do sistema e o desenvolvimento do processo, em uma perspectiva condizente com as necessidades socioeducacionais atuais.

E o que dizer das consequências dessas interações humanas na sua relação com o conhecimento? É o que veremos a seguir quando analisarmos a relação do conhecimento com a tecnologia.

2.3 O conhecimento e a tecnologia

O desenvolvimento tecnológico trouxe à humanidade uma série de mudanças, afetando a vida de cada pessoa. O conhecimento organizado e difundido ao longo do tempo sofre alterações muito rápidas, principalmente se levarmos em conta os vários meios à disposição para a sua criação e disseminação, como a internet. Essa disseminação, por sua vez, tem ao seu dispor mecanismos automáticos e velozes, como os recursos atuais das mídias de comunicação, que têm dado uma grande contribuição a esse desenvolvimento.

Tudo isso tem afetado o mundo das relações, havendo um considerável espaço para o desenvolvimento da inteligência. Esse desenvolvimento tem recebido uma atenção maior da educação, pois, segundo Lévy (1993, p. 135), "a inteligência ou a cognição são o resultado de redes complexas onde interagem um grande número de atores humanos, biológicos e técnicos".

Essa atenção se dá na mesma medida em que a dinâmica do desenvolvimento científico e tecnológico exige da sociedade uma nova postura para atender as demandas de formação de mão-de-obra qualificada e de pessoal técnico e científico suficientemente preparado para esse novo tempo. Isso exige dos envolvidos nesses processos de formação citados uma ação conjunta, colaborativa, e não uma ação isolada, pessoal; uma ação cujos resultados irão repercutir nas ações dos futuros professores, principalmente no ensino superior. Embora haja uma grande e necessária interferência individual, é fundamental que ocorra a interação de muitos elementos que contribuem para esse desenvolvimento.

Nessa linha de raciocínio, diz Lévy (1993, p. 135):

> *Não sou "eu" que sou inteligente, mas "eu" com o grupo humano do qual sou membro, com minha língua, com toda uma herança de métodos e tecnologias intelectuais (dentre as quais, o uso da escrita). Para citar apenas três elementos entre milhares de outros, sem o acesso às bibliotecas públicas, a prática em vários programas bastante úteis e numerosas conversas com os amigos, aquele que assina este texto não teria sido capaz de redigi-lo. Fora da coletividade, desprovido de*

tecnológicas intelectuais, "eu" não pensaria. O pretenso sujeito inteligente nada mais é que um dos micro atores de uma ecologia cognitiva que o engloba e restringe.

Como vimos, a inteligência de cada pessoa não é somente resultado de seus atributos pessoais, mas também é desenvolvida e gera produtos a partir da relação com a comunidade em que a pessoa se insere. Há uma interdependência que nos torna complementos uns dos outros nas produções intelectuais, individuais e coletivas que realizamos. Isso nos permite dizer que há um compromisso em dar atenção às interações existentes entre os indivíduos e entre eles e o ambiente circundante, com todas as técnicas cognitivas envolvidas no processo. É o que Lévy chama de **ecologia cognitiva**. Para ele, "a ecologia cognitiva é o estudo das dimensões técnicas e coletivas da cognição" (Lévy, 1993, p. 137).

Lévy (1993, p. 137) apresentou o programa da ciência nascente da ecologia cognitiva em seu livro *As tecnologias da inteligência: o futuro do pensamento na era da informática*, no qual vemos alguns princípios, entre eles o seguinte:

> Imaginemos que as imagens, os enunciados, as idéias (que agruparemos sob o termo genérico de representações) sejam vírus. Estes vírus em particular habitariam o pensamento das pessoas e se propagariam de uma mente a outra por todos os meios de comunicação. Por exemplo, se eu penso que "a luta de classes é o motor da história", devo transformar esta idéia em sons ou em signos escritos para inocular em você o vírus marxista. [...] Levando esta metáfora a sério, concordaremos com Dan Sperber quando este diz que os fenômenos culturais estão relacionados, em parte, com uma epidemiologia das representações. Uma cultura poderia, então, identificar-se com uma certa distribuição de representações em uma dada população.

Na relação da tecnologia com o conhecimento, há muitas ações midiáticas que se utilizam de representações para gerar os seus produtos. Os meios de informação e comunicação, como a televisão, a propaganda, o cinema e outros, lançam mão de imagens, jargões, logomarcas etc. para criar e disseminar ideias que, muitas vezes, passam a fazer parte da cultura popular e do conhecimento elaborado coletivamente. Essas ideias aparecem nos produtos dos meios citados, como um programa de televisão, um vídeo de propaganda, um filme, um *outdoor* etc.

Para o desenvolvimento de atividades de formação de professores para atuar em qualquer nível, principalmente no ensino superior, é importante conhecer esses aspectos das relações humanas. Algumas representações são apresentadas aos estudantes e podem ser tomadas como legítimas e necessárias ao futuro profissional. Muitas habilidades e competências, oriundas de costumes e hábitos, são apresentadas como importantes para a vida profissional de um indivíduo, pois culturalmente elas são aceitas como verdades inquestionáveis, visto terem sido difundidas por certas pessoas ou certos veículos.

Por exemplo: certas técnicas de plantio utilizadas de uma determinada forma por um grupo social de uma determinada região, tornadas hábitos entre as pessoas, são avaliadas como muito produtivas e eficazes para um determinado tipo de lavoura por pesquisadores de uma importante universidade. Essas técnicas podem passar a ser a regra e ser ensinadas sem nenhuma alteração em cursos da área como a solução mais eficiente sobre o assunto, sem nenhuma análise em relação aos fatores intervenientes no processo, que podem ser diferentes de um lugar a outro, alterando os resultados. Essas tecnologias, muitas vezes, são adquiridas com custos altíssimos, mas sem nenhuma análise de impacto em relação ao novo ambiente de utilização, trazendo, em consequência, grandes danos. Por exemplo: aplicada a técnica em um solo cujas características e formação são desconhecidas, gerou-se uma lavoura não muito produtiva ou com produtos que ficaram aquém do esperado em termos de nutrientes. Tudo isso partiu de uma ideia que se tornou hábito, passando a ser uma representação sobre o tema, e foi copiada e difundida como verdade inquestionável. Isso, também, deve ser elemento de discussão nos cursos de formação de professores que irão atuar no ensino superior, mostrando a consequência da relação da tecnologia com o conhecimento.

Em relação a isso, Lévy (1993, p. 138) diz que "O meio ecológico no qual as representações se propagam é composto por dois grandes conjuntos: as mentes humanas e as redes técnicas de armazenamento, de transformação e de transmissão das representações." Ainda segundo o autor, a combinação desses conjuntos interfere na distribuição dessas representações, podendo ser maior ou menor a difusão, ou provocar novos processamentos de informações, com novos tipos de representações (Lévy, 1993). Dessa forma, devemos conhecer todo esse processo, para avaliar melhor a introdução da tecnologia na sociedade e suas relações com o ambiente e o conhecimento, não ficando apenas nos aspectos aparentes, visíveis, concretos, mas ir além das aparências analisando a subjetividade envolvida e o que diz respeito à cognição, tarefa que pode ser desempenhada no ensino superior.

Para que encontremos formas de lidar com essa situação, Lévy (1993, p. 139) argumenta que: "ao interessar-se exclusivamente pelas entidades substanciais, discretas e estáveis que são as representações, a ecologia cognitiva arrisca-se a negligenciar tudo aquilo que se relaciona com as formas de pensar, falar e agir." A educação pode fazer a diferença nesse ponto e se integrar no processo de envolvimento da tecnologia com a diversidade cultural e socioambiental. Esse envolvimento se dá quando determinada tecnologia é transmitida de um lugar ao outro, levando consigo uma representação de ideias de seu meio de origem que irá se confrontar com costumes e hábitos do ambiente destinatário. Nessa situação, a educação pode se envolver em todos os níveis de ensino, principalmente no ensino superior, pois está na sua prática pedagógica o uso da reflexão e de metodologias que possibilitam a constante dialética entre a teoria estudada em sala de aula e a aplicação prática nas ações dos alunos na sociedade.

Essa discussão nos leva a questionar o modelo de educação que temos. Concluímos que precisamos de um modelo que desempenhe um papel fundamental na formação do ser humano, para que ele tenha um desenvolvimento pessoal e coletivo apropriado para essa era de relações. Retomamos o que diz Moraes (1997, p. 210) sobre isso:

> *Saímos da Era Material que pressupõe a dualidade, a divisão entre observador e observado, que, numa dimensão mais profunda, separa o homem do mundo, em razão de uma visão fragmentada, em que o indivíduo multifacetado em si mesmo encontra-se separado dos outros e da própria natureza, dando ensejo ao prevalecimento do individualismo e à ausência de cooperação, compaixão e solidariedade. Estamos caminhando em direção a uma Era das Relações, que envolve a unicidade com o real, com o eu, a integração do homem com a natureza, a crença na inexistência de partes distintas e o prevalecimento de formas mais elevadas de cooperação entre seres viventes e não-viventes. É uma era de autoconsciência, de respeito ao espírito humano e à diversidade cultural.*

A autora chamava a atenção no final do século passado para essa "Era das Relações". Assim, numa rápida análise de conjuntura, nós percebemos que já vivenciamos isso. Muitas ações de entretenimento, de segurança, de interação, de pesquisa e outras, que nos colocavam – e ainda colocam –, em muitas situações, diante de uma separação entre observador e observado, ocorreram sem nenhuma interação ou unidade.Por exemplo: os veículos de entretenimento criavam os seus programas baseados em políticas institucionais que não levavam em conta o pensamento dos espectadores; hoje eles dão atenção às pesquisas de opinião. Situação semelhante ocorria na pesquisa acadêmica: antes uma pesquisa só era válida se não houvesse envolvimento direto entre pesquisador e pesquisado. Nessa atividade, há uma forte tendência atual em utilizar a chamada *pesquisa-ação*, em que sujeitos e objetos de pesquisa convivem e interagem juntos.

Outro ponto diz respeito às **temáticas** de estudo e pesquisa. Nelas encontramos temas voltados para a relação do indivíduo com a natureza, para a percepção estética dos ambientes e para fatos que envolvem polêmicas, como problemas étnicos, de opção religiosa ou de orientação sexual etc. Isso não ocorria com tanta frequência como ocorre a partir das últimas duas décadas do século passado. Já nesse novo século, passamos a ver intenções e ações que nos levam a perceber uma interação maior entre os seres, entre o indivíduo e a natureza, uma percepção de algo que os une e completa. Essa consciência está sendo declarada e, por isso, vemos ações que mostram uma preocupação com o todo e suas articulações e não somente com uma parte isolada e desconexa.

Para uma visão mais efetiva do processo, precisamos de um modelo de educação para a interação da tecnologia com o ambiente, com a cognição e com a mente, que deve levar em conta esses valores que Moraes estabelece como importantes nas relações. Esse modelo deve possibilitar reflexões e ações objetivando a criação de condições para que o desenvolvimento humano ocorra em todos os sentidos, dando conta do uso das novas tecnologias na sociedade, e buscar soluções para os problemas surgidos, a fim de abrir novos caminhos e possibilidades para o desenvolvimento sustentável da coletividade. Mas o que significa tudo isso? Segundo Moraes (1997, p. 211),

> *Significa o oferecimento de uma educação voltada para a formação integral do indivíduo, para o desenvolvimento da sua inteligência, do seu*

pensamento, da sua consciência e do seu espírito, capacitando-o para viver numa sociedade pluralista em permanente processo de transformação. Isso implica, além das dimensões cognitiva e instrumental, o trabalho, também, da intuição, da criatividade, da responsabilidade social, juntamente com os componentes éticos, afetivos, físicos e espirituais. Para tanto, a educação deverá oferecer instrumentos e condições que ajudem o aluno a aprender a aprender, a aprender a pensar, a conviver e a amar. Uma educação que o ajude a formular hipóteses, construir caminhos, tomar decisões, tanto no plano individual quanto no plano coletivo.

Esse é o modelo de educação que nos parece necessário para esse tempo, capaz de enfrentar os desafios que surgem, tornando a pessoa mais envolvida na teia de relações que se apresenta hoje. São muitos os meios tecnológicos que podem criar ambientes inteligentes, como, por exemplo, os ambientes virtuais de aprendizagem, nos quais há uma exigência maior de uma atenção à ecologia cognitiva, porque a partir dela todas as relações com a ecologia ambiental, mental e social podem ser gerenciadas e dinamizadas para uma melhor transformação da sociedade.

As atividades dos cursos de formação de professores devem ser revistas, permitindo aos alunos e professores uma constante reflexão sobre as suas práticas, de forma a gerarem ações de intervenção e participação nesse mundo de relações, voltando a novas reflexões em uma constante *ação-reflexão-ação* que seja a práxis de todos. As atividades discentes e docentes no ensino superior ocorridas dessa maneira permitirão que cada um tenha um diálogo direto e franco com a sua realidade, interferindo nela no momento da ação, podendo refletir tanto no momento em que ocorre como depois, procurando entendê-la em todas as suas implicações. Esse exercício pode ser mediado pela tecnologia, que pode dispor dos recursos de armazenamento e recuperação de ideias, informações e conhecimentos para processá-los e gerar novas ideias, novas informações e novos conhecimentos. Isso pode ocorrer quando utilizamos recursos de interação *on-line*, como as salas de bate-papo, em que a conversa acontece em tempo real; ou os de interação *off-line*, como *e-mails*, fóruns de discussão, pastas de arquivos, que podem ter os seus conteúdos recuperados após armazenamento, para utilizá-los e processá-los em novas ações.

Nesse sentido, é importante ter em mente que essa metodologia de ação pode ser útil e necessária numa política de inclusão de todos em tudo a que tenham direito. A inclusão não é simplesmente colocar um excluído no meio que de direito é seu. É necessária uma ampla e participante discussão de todos os envolvidos no processo para entender as relações que o constituem a fim de serem tomadas as decisões corretas sobre aquilo que compete a cada um individual ou coletivamente.

É um exercício contínuo que requer atitudes de pesquisador (pesquisa-ação), em trabalhos colaborativos, cada um fazendo a sua parte e tendo consciência de que os papéis são articulados e integrados. Isso é importante para um perfeito funcionamento de uma inteligência coletiva geradora de ações que interferem no meio circundante, transformando-o e tornando-o mais humano e rico nas trocas que se fazem necessárias em todos os níveis relacionais.

Chamamos a atenção nesse momento para algo que interessa mais diretamente ao ensino a distância e à educação superior, e diz respeito ao conhecimento.

Vivemos hoje o que os autores consideram como **sociedade do conhecimento**. Demo (2006, p. 20), com relação a isso, diz: "Não é bem correto usar o termo 'sociedade do conhecimento', porque as sociedades humanas sempre o foram, em maior ou menor grau. Hoje vivemos em sociedade que faz do conhecimento seu fulcro crucial de desenvolvimento, mudança e potencialidades." Ora, esse fato nos atinge e essa ideia é bastante propalada, como se somente agora no mundo houvesse uma atenção ao conhecimento.

É sabido que o avanço científico e tecnológico exigiu de todas as sociedades um olhar diferente para a informação e o conhecimento. Sabemos que a hegemonia pelo domínio das armas era o que tornava esse ou aquele país o detentor de um poder que lhe dava garantias de interferências nas ações políticas e econômicas de outros países. Ditar regras de convivência e manter o controle da economia, do capital e dos avanços científicos e tecnológicos era o que estava no topo das preocupações das nações hegemônicas. Alimentava tudo isso a Guerra Fria entre os Estados Unidos e a extinta União Soviética.

Com a queda do comunismo soviético e o fim de sua influência sobre outras nações, a Guerra Fria tornou-se sem sentido assim como o poder oriundo do domínio das armas. O grande desenvolvimento tecnológico na área da informação e da comunicação ocorrido na segunda metade do século XX, com o advento do computador e sua disseminação em larga escala, permitiu que esses recursos chegassem aos lares das pessoas pelo mundo. Os equipamentos não eram mais de grande porte, passando a ser pequenos, ágeis e com muitos recursos, além de ter se tornado mais baratos e acessíveis às pessoas.

Completando esse quadro, veio o surgimento da internet e da comunicação em rede, em um movimento organizado por grandes grupos corporativos e nações desenvolvidas. Isso principalmente se deu por haver um interesse maior pela informação e pelo conhecimento a partir de ideias e afirmações de que o poder agora está nas mãos de quem melhor souber usá-lo para os seus fins e interesses. Assim, o conhecimento tornou-se um importante elemento que alimenta o continuado e acelerado desenvolvimento científico e tecnológico.

Essa relação do conhecimento com a tecnologia nos permite vivenciar uma mudança paradigmática muito importante. Como diz Kenski (2006, p. 39), "a compreensão das metáforas relacionadas ao conhecimento e às formas de sua apreensão nos mostra que a referência clássica para dizer das estruturas dos saberes e das ciências é a imagem da árvore." A partir dessa afirmação, a autora nos leva a conhecer *Mil Platôs: capitalismo e esquizofrenia*, de Deleuze e Guattari (1995), livro que traz elementos de um tratado de filosofia com os componentes ontológicos, físicos, lógicos, psicológicos, morais e políticos. Eles nos apresentam uma imagem do pensamento e do conhecimento ocidental como sendo arborescente e mostram uma mudança desta para a imagem de um rizoma.

Explicando a imagem da árvore citada pelos autores, argumenta Kenski (2006, p. 39):

> *Segundo os autores, prevalece nesse tipo de pensamento a lógica binária que predomina em múltiplas áreas do conhecimento, como a psicanálise, o estruturalismo e até a informática. Ou seja, um "tronco" simbolicamente se refere a um segmento específico do saber e que se desdobra em ramos específicos, que em geral não se relacionam e que se ligam exclusivamente com a idéia central (raiz e tronco) do conhecimento. Essa estrutura da árvore dominou a realidade, e todo o pensamento ocidental, apresentado pelas várias ciências, "da botânica à biologia, a anatomia, mas também a gnoseologia, a teologia, a ontologia, toda a filosofia..." a ela se submeteu.*

Como vimos, a estruturação de um conhecimento é feita na forma de uma **árvore**, em que a raiz representa a ideia fundamental que gera um tronco, um saber específico, e que vai se distribuir pelos ramos, ou seja, subdivide-se em áreas desse saber. Esse modelo de conhecimento ainda é muito difundido, principalmente na área da informática, em que percebemos alguns exemplos em ações específicas. Por exemplo: na definição de espaços virtuais para armazenamento de informações, parte-se de um diretório raiz que define um tronco comum (uma pasta) em que ficarão arquivadas subpastas e arquivos correlatos. Muitas ações em informática obedecem a esse esquema.

Esse é um modelo de compreensão e gestão do conhecimento que não condiz mais com a vida de uma sociedade que se conecta em rede. É importante, nesse momento, repensarmos o modo como o conhecimento é difundido na rede, percebendo as relações permitidas pela organização do trabalho pedagógico. Agindo dessa forma, verificaremos que há uma multiplicidade de conexões permitidas, não dando ao conhecimento aquela hierarquia que há pouco tempo nos servia como modelo para explicar o seu fluxo, a sua dinâmica. Isso nos faz perceber, concordando com Kenski (2006, p. 41), que "a metáfora da árvore, portanto, remete-nos ao conhecimento temporal e espacialmente articulado, estruturado em uma continuidade determinada e que, para ser compreendido, precisa respeitar os desdobramentos hierarquicamente estabelecidos nos campos específicos de cada ciência."

Hoje se trabalha com o conceito de **conhecimento em rede**, que permite múltiplas relações e um conhecimento gerado e disseminado a partir de novos locais, novas raízes. Diz ainda Kenski (2006, p. 40) sobre a metáfora da árvore: "Para os autores, esses sistemas arborescentes de compreensão são sistemas hierárquicos que comportam centros de significância e de subjetivação, autômatos centrais como memórias organizadas. Nesses sistemas, um elemento só recebe suas informações de uma unidade superior, à qual é atribuído o poder de memória."

Essa hierarquia do sistema arborescente já não é exclusividade hoje na geração e disseminação do conhecimento. Nesse modelo de sistema, as ações se relacionam numa sequência lógica e hierárquica sem a qual o processo não flui e não gera produto. É necessário que haja um elemento que funcione como entidade superior com grande poder de memória e decisão, com os demais elementos subalternos só recebendo as informações e o fluxo do conhecimento a partir dele, passando pelos distribuidores intermediários.

O que Deleuze e Guattari (1995) propõem nesse momento, em que o conhecimento se dá numa troca difusa e constante, vindo de diversas áreas e intermediado pelas redes formadas pelas tecnologias de comunicação atuais, segundo Kenski (2006, p. 41), é a "compreensão da 'imagem do mundo' em forma de rizoma. Os rizomas, espécie de hastes subterrâneas, diferenciam-se dos demais tipos de caules e das raízes subterrâneas, pois têm formas muito diversas." É o que vemos hoje nas redes de comunicação e informação como a internet, nas comunidades de aprendizagem de qualquer origem e formato e na complexidade das relações mundiais. Completando o argumento, diz Kenski (2006, p. 41) que "No rizoma conectam-se cadeias semióticas, organizações de poder, ocorrências artísticas, científicas, lutas sociais. Não existe um ponto central, escalas de importância ou tipologia ideal."

É assim que temos que compreender o conhecimento que é veiculado hoje em rede: ele é gerado num determinado lugar (país, região, instituição), é disseminado na rede em que está conectado e se fixa em um determinado ponto (outro lugar). Neste, o conhecimento passa a interferir no contexto transformando-o em determinados aspectos, é processado e gera novos conhecimentos na rede. Como esta permite conexões com muitos outros pontos, qualquer conhecimento que é disseminado nela pode sofrer interações e transformações ao longo do seu percurso.

O trabalho pedagógico que temos que organizar em qualquer nível de ensino – mais precisamente no ensino superior, quer seja presencial ou a distância – não pode utilizar com frequência modelos inflexíveis e deve estar sempre em consonância com o espaço e o tempo vivenciados e dentro do contexto em que está inserido.

Dessa forma, é muito importante que seja feita essa reflexão nos espaços formativos, principalmente quando se trata de formação de professores para o ensino superior, a fim de perceber a complexidade da relação do conhecimento com as pessoas e as tecnologias disponíveis na sociedade. Isso será um elemento facilitador para a organização do trabalho pedagógico no ensino, tanto presencial como a distância.

Síntese

Estudamos neste capítulo aspectos importantes da relação da tecnologia com o ensino superior, tanto presencial como a distância. No contexto da formação de professores, essa relação pode ser tratada tanto pelo currículo de uma disciplina, que trabalha os aspectos aqui apresentados, como fora dela, por intermédio das ações de formação. É importante que isso seja feito com o intuito de permitir uma reflexão que leve à compreensão dos elementos socioambientais, políticos e econômicos da relação. Nesse sentido, a reflexão deverá levar os alunos a perceber o alcance do desenvolvimento tecnológico em suas vidas no que diz respeito ecologicamente ao ambiente, à sociedade, à subjetividade humana (mente) e à cognição.

Também estudamos que a tecnologia pode ser uma importante aliada na inclusão de pessoas deficientes na escola com a utilização das chamadas *tecnologias assistivas*. Em se tratando de inclusão, a escola pode ampliar a sua área de interesse também para os demais excluídos da educação por qualquer motivo, quer seja religioso, étnico, por causa do gênero, da opção sexual etc. Em qualquer dos casos, é importante um planejamento multidisciplinar que considere a participação da tecnologia no processo e que leve em conta o impacto causado na relação dela com a educação nos vários níveis de possibilidades.

Outro aspecto a considerar diz respeito às possibilidades trazidas pelo uso das novas tecnologias de informação e comunicação na educação para o processo ensino-aprendizagem. Nele, essas tecnologias possibilitaram um acesso maior de pessoas à educação, principalmente no ensino superior a distância, pois as exigências de presença em locais de acesso ao ensino foram limitadas às estritamente necessárias. A interação na maioria das atividades entre alunos, professores, gestores e funcionários pode ser mediada pelas tecnologias de informação e comunicação, o que faz com que muitas pessoas possam ser incluídas nas atividades educacionais.

Ainda no estudo feito neste capítulo, percebemos que o desenvolvimento tecnológico afetou as relações humanas em muitas áreas, principalmente no que diz respeito ao **conhecimento**. A comunicação em rede tem possibilitado a disseminação do conhecimento elaborado em vários ambientes, em uma dinâmica que tem possibilitado um desenvolvimento muito mais acentuado nos últimos tempos. Como consequência, essa disseminação tem trazido novos conhecimentos que, muitas vezes, são frutos de ações colaboradoras feitas nas mais variadas comunidades de aprendizagem e em diferentes ambientes localizados em espaços distantes geograficamente.

Isso tem feito com que alguns estudiosos comecem a rever a representação que é utilizada para o conhecimento ocidental, que usa a metáfora de uma árvore, para mostrar a hierarquia temática dentro da cada tipo de conhecimento. Já se fala em um conhecimento que é mostrado na forma de um **rizoma**, uma espécie de vegetal que se caracteriza como hastes subterrâneas que se fixam em determinados pontos por novas raízes, que geram novas hastes como troncos e ramos. Essa imagem de rizoma é usada para se referir ao conhecimento em rede, que é a nova forma de gerar e disseminar o saber atual depois do advento das novas tecnologias de informação e comunicação.

Tudo isso deve ser considerado na formação de professores para atuar no ensino superior, mostrando a relação da tecnologia com o conhecimento.

Indicação cultural

BIBLIOTECA VIRTUAL DO ESTUDANTE DE LÍNGUA PORTUGUESA. Disponível em: <http://www.bibvirt.futuro.usp.br>. Acesso em: 18 nov. 2008.

Conheça a Biblioteca Virtual do Estudante de Língua Portuguesa e veja as possibilidades de ações educativas que você pode realizar. Veja os links *da página principal e os que estão na linha de* status *superior,* como: *Especiais, Imagens, Sons, Textos e Vídeos*. Conheça-os todos e faça um resumo de um parágrafo sobre cada um deles.

No link *Sons*, clique em Rádio Escola e conheça o Programa Rádio Escola do MEC. Veja as séries de programas divididas em duas categorias: PROFESSOR e ALUNO. Explore cada uma e conheça as possibilidades de atividades para o ensino e a aprendizagem.

No link *Textos*, veja o material disponível em seis categorias: Biografias, Didáticos e Temáticos, Literatura, Periódicos, Telecurso 2000 e Teses. Faça uma análise e veja o que pode ser utilizado na sua prática.

Veja no link *Vídeos* o que está disponível e pode ser utilizado. Planeje ações pedagógicas com alguns deles. Escolha um, faça o download, assista a ele com seus colegas e depois discutam o seu conteúdo relacionando-o com suas práticas profissionais.

Veja ainda os links *Especiais* e *Imagens*. Faça um comentário na sua comunidade de aprendizagem (grupo de estudo) sobre o que encontrou no site e as possibilidades de utilização no processo ensino-aprendizagem.

Atividades de Autoavaliação

1. Verifique se as sentenças apresentada nos itens I a IV, são verdadeiras ou falsas. Depois assinale a alternativa que apresenta a sequência correta (sendo "V" para verdadeira e "F" para falsa):

   I. A tecnologia não pode ser considerada uma disciplina nos cursos de formação de professores com a denominação *tecnologia da informação e da comunicação na educação*, ou outra denominação que mostre o seu papel no currículo.

   II. A tecnologia pode ser uma disciplina nos cursos de formação de professores para possibilitar momentos de reflexão sobre o alcance do desenvolvimento tecnológico na vida das pessoas.

III. A tecnologia, como disciplina nos cursos de formação de professores, não mostra possibilidades que auxiliem a compreensão de temas como biotecnologia ou tecnologia assistiva, e deve ser desarticulada das demais disciplinas do currículo.

IV. A tecnologia pode ser uma importante aliada para favorecer a inclusão de uma pessoa deficiente na escola com base em um planejamento estratégico adequado e de um trabalho multidisciplinar.

a) V, F, V, V
b) F, V, F, V
c) V, F, F, V
d) V, F, V, F

2. Assinale a alternativa **correta**:
   a) A formação de professores, ao se estudar a relação da tecnologia com a educação, preocupa-se apenas com a inclusão das pessoas deficientes sem nenhuma preocupação com qualquer outro tipo de exclusão.
   b) A formação de professores não deve se preocupar com o papel que as tecnologias possuem na educação e no currículo do curso, pois elas só interferem na sociedade e na vida das pessoas.
   c) A formação de professores não deve se preocupar com o uso que as pessoas fazem das tecnologias de comunicação a distância, pois isso não afeta a educação.
   d) A formação de professores, ao estudar a relação da tecnologia com a educação, deve se preocupar com o consumismo das pessoas, pois este produz resíduos tecnológicos impactantes no ambiente, na sociedade e na vida.

3. Assinale a alternativa **incorreta**:
   a) O ensino a distância assumiu um papel importante na socialização e no acesso ao conhecimento das pessoas excluídas, pois

é uma modalidade de ensino que difere do ensino presencial apenas pela distância física entre o professor e o aluno.

b) As atividades educacionais, presenciais ou a distância, têm nas tecnologias excelentes instrumentos para atingir os seus objetivos, melhorando e aumentando as possibilidades administrativas, didáticas, pedagógicas e metodológicas.

c) O surgimento da internet possibilitou uma comunicação em rede com possibilidades de interações a distância síncronas e assíncronas no processo ensino-aprendizagem.

d) A contribuição mais significativa das oportunidades surgidas com o uso das tecnologias na educação foi o aumento do acesso ao ensino possibilitado pela educação a distância.

4. Assinale a alternativa que contém as palavras que completam, na ordem, a seguinte frase: "O desenvolvimento _____ tem possibilitado a disseminação do _____ utilizando-se as mídias de _____, que contribuem cada vez mais para o desenvolvimento de um conhecimento em _____."
   a) tecnológico; recurso; informação; rede.
   b) científico; recurso; comunicação; sintonia.
   c) tecnológico; conhecimento; comunicação; rede.
   d) científico; conhecimento; informação; sintonia.

5. Assinale a alternativa **correta**:
   a) A inteligência de cada pessoa é resultado apenas de seus atributos pessoais e é desenvolvida independentemente da relação entre as pessoas.
   b) Ecologia cognitiva é o estudo do conhecimento sem nenhuma preocupação com as técnicas e a coletividade.
   c) O conhecimento é representado pela metáfora de uma árvore, tendo em vista o desenvolvimento tecnológico acarretado pelo

surgimento da comunicação em rede.

d) O conhecimento se dá numa troca difusa e constante, vindo de diversas áreas e intermediado pelas redes de comunicação atuais, permitindo a compreensão do mundo em forma de rizoma.

Atividades de Aprendizagem

Questões para Reflexão

1. Leia o texto *Do mito da tecnologia ao paradigma tecnológico; a mediação tecnológica nas práticas didático-pedagógicas*, de Maria Rita Neto Sales Oliveira, que está disponível no *site*: < http://www.anped.org.br/rbe/rbedigital/RBDE18/RBDE18_10_MARIA_RITA_NETO_SALES_OLIVEIRA.pdf>. Faça uma lista das ideias principais da autora. Veja também o *link* <http://www.fundacion-barcelo.com.ar/cread/Expositores/Borges%20Martins.pdf>, que disponibiliza o texto *A educação a distância: um mapa reflexivo da nova cultura docente e dos tutores na formação de professores*, da professora doutora Onilza Borges Martins. Faça também uma lista das ideias principais da autora.

2. Compare as duas listas com o conteúdo dos temas dos capítulos estudados. Organize uma discussão, pedindo orientações ao seu professor ou tutor, tomando como base os seguintes questionamentos:
   a) Os textos são conflitantes? Em que pontos há discordâncias?
   b) Em que argumentos ou temas eles concordam?
   c) Há ideias complementares? Quais?

Atividade Aplicada: Prática

1. Em seu grupo de estudos, organize um fórum de discussão entre os colegas, cuja temática será escolhida com base nas opiniões do seu grupo de estudo emitidas na discussão anterior. Veja depois o registro dessa nova discussão com seu orientador e perceba a construção de um conhecimento que vocês fizeram de forma colaborativa, assim como a mediação que a tecnologia de comunicação teve nesse processo. Faça um relatório dessa análise e arquive numa pasta no computador à sua disposição.

Capítulo 3

Com o desenvolvimento das tecnologias da informação e da comunicação no mundo, a educação superior no Brasil foi grandemente beneficiada. Somou-se a esse fato o incentivo da Lei nº 9.394*, de 20 de dezembro de 1996, que estabelece as diretrizes e bases da educação nacional, cujo artigo 80 possibilitou impulsionar e multiplicar.

* Para ver a Lei nº 9.394/1996 na íntegra, acesse o *site*: <http://www.planalto.gov.br/ccivil_03/LEIS/l9394.htm>.

Ensino a distância na educação superior

Passamos a estudar agora o ensino a distância na educação superior, procurando entender a mediação das tecnologias nessa atividade e a utilização delas adequadamente no processo ensino-aprendizagem. Pelo que estudamos até o presente momento, percebemos a grande influência e interferência da tecnologia na educação, principalmente na modalidade de ensino a distância.

A partir de agora, passaremos a discutir os princípios e as políticas que as instituições de ensino têm adotado, tentando encontrar elementos que possam nortear a prática pedagógica. A legislação própria e as normas pertinentes servirão como base para a fundamentação dos temas em discussão, sempre se buscando compreender o papel da mediação tecnológica.

Finalizaremos esta parte tecendo comentários sobre a importância de certos elementos no planejamento e no uso das tecnologias no ensino a distância na educação superior.

3.1 Princípios e política da EaD

Nesta etapa do nosso estudo, apresentaremos os princípios e política da EaD, mas na perspectiva da interação tecnológica no processo ensino-aprendizagem, desvelando elementos importantes para uma organização competente da prática pedagógica.

A proliferação de cursos a distância tem trazido ao debate pedagógico preocupações que servem de argumentos para justificar o posicionamento de certos educadores contra o ensino a distância. Demo (2006), ao comentar sobre isso, apresenta alguns pontos negativos que giram em torno da educação a distância, como:

~ a possibilidade de fraudes por causa de perda de controle;
~ o aprimoramento do instrucionismo* e de reprodução de aulas;
~ fácil acesso a diplomas e certificações;
~ contradição nos termos, pois educar exige presença;
~ isolacionismo do aluno;
~ pretensão excessiva de autodidatismo.

No entanto, esses pontos não podem ser atribuídos como argumentos contra a educação a distância, que a levarão fatalmente ao fracasso.

---

* Instrucionismo é a palavra usada no meio acadêmico para definir o uso exacerbado da instrução. A aprendizagem se dá com o uso exclusivo da instrução; isso é o que pensa aquele que assim procede.

Verificamos que, dependendo da política institucional, do projeto pedagógico e das metodologias utilizadas, eles também podem ser atribuídos à educação presencial. Isso tanto é verdade que o próprio Demo (2006, p. 102) conclui dizendo:

> Tais contextos, entre outros, retratam possíveis riscos/vícios que são sempre mister enfrentar, mas, em grande parte, são também comuns na presença física, o que torna impróprio estigmatizar a educação a distância como proposta tendencialmente equivocada. Pode ser um tiro no pé, como pode também ser extraordinária oportunidade.

Assim, não se pode fazer uma avaliação superficialmente, baseada apenas no fato de que professor e aluno estão distantes. Por outro lado, a mediação pedagógica feita por recursos tecnológicos nos modelos utilizados em determinadas instituições permite-nos dizer que, sozinha, a tecnologia não apresentará qualidade necessária. Mas, com um projeto pedagógico, originado do plano de desenvolvimento institucional, que atribui metas, ações, metodologias e recursos articulados e condizentes com a qualidade requerida, poderá haver uma ação eficiente e eficaz com o uso da tecnologia.

Como já citamos anteriormente, o aumento das condições de acesso por mais alunos ao conhecimento e aos bens culturais, com possibilidades de usufruir de todos os benefícios advindos, é uma premissa que nos parece fundamental no ensino a distância na educação superior. O contexto tem propiciado o aumento da procura de vagas nas instituições que oferecem ensino a distância, o que tem feito surgirem a cada dia instituições que ofertam essa modalidade de ensino em nível de graduação e especialização – algumas são criadas para esse fim, enquanto outras ampliam as suas atividades. Isso está ocorrendo mais entre as instituições privadas, fazendo com que as instituições públicas também se voltem para esse fim.

Um exemplo disso é a criação do Sistema Universidade Aberta do Brasil (UAB), que é um programa do Ministério de Educação com o objetivo principal de capacitar professores da educação básica. Além disso, articulando e integrando instituições públicas de ensino superior, visa formar um sistema nacional com o fim de levar ensino superior público aos municípios brasileiros.*

Essa iniciativa nos mostra o caráter da organização do sistema, que se propõe a coordenar e monitorar uma rede de instituições para um mesmo fim. Como já constatamos, essa organização em rede é uma tendência que surgiu nas relações entre as pessoas numa sociedade que prioriza o conhecimento, levando-nos a ter isso como referência para a prática pedagógica.

Um **sistema em rede** é uma técnica que serve para organizar e articular ações que têm um mesmo objetivo, como o acesso universal ao conhecimento e à cultura. Essa tecnologia pode ser também a organizadora de todo o processo de ensino e aprendizagem, nas mais diferentes fases do ensino a distância. Essas fases iniciam pelo planejamento e organização de um curso, passando pelas seguintes etapas:

- ~ **aula expositiva** no estúdio com transmissão ao vivo para os polos de atendimento regionais, ou **videoaula**;
- ~ **tutoria** em polos de atendimento presenciais para reforço da aprendizagem, ou em um centro de tutoria, com o uso do telefone ou da internet, para tirar as dúvidas sobre o conhecimento ou para reforçar a aprendizagem;
- ~ **autoaprendizagem** utilizando o ambiente virtual, os polos de atendimento, ou outros espaços de acordo com o ritmo, o tempo e a escolha do aluno;

---

* Para mais informações, acesse o *site*: <http://uab.capes.gov.br/index.php?option=com_content&view=article&id=111&Itemid=27>.

~ **avaliação**, que pode acontecer no processo ensino-aprendizagem nos polos de atendimento ou no ambiente virtual, como também no final de cada módulo, no polo regional.

É importante que essa modalidade de ensino seja flexível ao acompanhar e estruturar o processo de estudo dos alunos, uma vez que cada um deve ser incentivado a lançar mão dos recursos disponíveis de acordo com o seu tempo e espaço próprio. Para tanto, a autoaprendizagem é a estratégia que será difundida, com a utilização de recursos tecnológicos (como um ambiente virtual com *chat*, fórum de discussão, correio eletrônico entre outros), que permitam a colaboração entre os discentes e uma constante interlocução com os docentes e tutores do processo.

Nesse sentido, é necessário organizar e planejar detalhadamente cada fase do processo, procurando definir as competências de cada pessoa envolvida, os recursos que serão utilizados, bem como todo tipo de relação necessária para que as ações sejam articuladas e resultantes de atividades colaborativas. Para que isso ocorra, na definição das competências de cada envolvido no processo, é preciso ficar bem clara a sua ação em relação aos objetivos de suas tarefas, as metas que terá que atingir e a produção que irá desenvolver, sendo tudo com detalhes. Nesses detalhes, deverá haver informações que mostrem as relações das atividades de cada profissional envolvido, e eles deverão ser estimulados a desenvolvê-las de forma colaborativa e complementar.

As atividades realizadas tomando como fundamento essas premissas, permitindo uma maior interação entre alunos, professores e material didático, devem ter como princípio o incentivo a uma maior autonomia dos discentes, sendo esta um valor constantemente trabalhado na produção do conhecimento individual e coletivo. Isso deve ser feito por intermédio de propostas pedagógicas que visam a uma qualidade que não pode ser inferior à de outras modalidades de ensino.

Os profissionais envolvidos em uma prática pedagógica a qual assume esse princípio devem considerar que os alunos que buscam essa modalidade de ensino geralmente são adultos trabalhadores, que necessitam de uma formação em sintonia com a sua realidade. É desejado que ela o leve a romper barreiras e transformar o contexto em que vive, buscando atender as suas necessidades e as exigências do atual mercado de trabalho.

Essa mesma formação deve levar o aluno a perceber quais conhecimentos estão sendo trabalhados, assim como a diversidade de abordagens, metodologias e recursos de qualquer natureza, como cognitiva (o uso da memória) ou física (o uso de equipamentos). É importante que isso fique claro para ele, principalmente que ele saiba quais tecnologias pode utilizar para mediar a sua aprendizagem (como livro, vídeo, computador, internet etc.). Para isso, o aluno determinará os potenciais de cada uma e os momentos certos de instrumentalizar-se com a mais adequada.

O paradigma que rege as ações educacionais de hoje exige dos envolvidos uma prática pedagógica em que a reflexão e o questionamento levem a todos para uma postura investigativa. Isso se justifica pela complexidade das relações que o ato de educar e formar tem com a sociedade, a política, a economia, a cultura, além daquelas inerentes à subjetividade humana e à cognição, como os atos de pensar e aprender. Nesse sentido, é importante que os alunos sejam estimulados para a pesquisa, entendo-a não como o papel que poucos escolhidos devem desempenhar, mas como um meio de consolidar a aprendizagem e contribuir com a geração de novos conhecimentos.

Nessa mesma perspectiva, a ação formativa poderá utilizar a reflexão como um importante elemento metodológico em um processo constante de ação, reflexão e ação, durante e sobre esta, percebendo-se que teoria e prática não são separadas. Isso deve ficar claro na postura dos formadores, nunca esquecendo que a sua prática pode ser melhorada com os recursos tecnológicos de armazenamento e recuperação de ideias, pensamentos e produção intelectual. Isso é possível quando gravamos em pastas no computador os textos que elaboramos ou os argumentos orais que emitimos. Depois disso, podemos recuperar as ideias e reformulá-las em uma crítica que tem como foco os objetivos propostos para a ação.

Esses recursos devem ser explorados e utilizados durante o ato de formar, caracterizando "uma formação dentro de outra formação". Se necessário, devemos fazer treinamentos em serviço para o pessoal envolvido, utilizando as ferramentas tecnológicas no ensino e na aprendizagem dos conteúdos que estão sendo trabalhados.

Outro princípio a ser considerado é o do **trabalho em equipe**. É importante que fique claro para todos que a ação individual baseada nas iniciativas e na autonomia do indivíduo é primordial, mas também que a ação coletiva tem como função consolidar a aprendizagem enquanto gera ações de transformação do contexto sociopolítico e econômico em que o grupo vive. Por isso, o ensino deve ser organizado a partir da realidade dos indivíduos, com aplicações daquilo que é aprendido no seu meio social.

Para essa transformação, o trabalho colaborativo deve ser a tônica que regerá as ações, porque a partir dele será possível trabalhar valores como a solidariedade, a participação, a cooperação, a partilha, a socialização, a responsabilidade, a autonomia de grupo, a iniciativa e outros elementos necessários para a formação de um cidadão crítico, participativo e comprometido com a vida social, política e econômica de seu grupo.

Muitos projetos pedagógicos trazem como princípio a **formação do cidadão**. Utilizando mídias de informação e comunicação, isso poderá ser trabalhado com muita riqueza de materiais (como notícias, artigos, filmes e outros), dependendo apenas de uma metodologia adequada à prática que se quer exercer. Outros recursos tecnológicos (como livros, revistas, máquinas fotográficas etc.) podem ser utilizados para apoiar as mídias de informação e comunicação, ficando-se apenas na dependência de um planejamento prévio com a definição dos papéis de cada uma no processo.

Com esses princípios até aqui comentados, podemos assegurar que tanto o aluno como o professor poderão compreender que na educação a distância, mediada pelas tecnologias, a construção e reconstrução do conhecimento é outro princípio que podemos considerar como fundamental. Dessa forma, o aluno e o professor perceberão que os recursos tecnológicos utilizados no ensino a distância são elementos primordiais no estabelecimento de redes de aprendizagem e comunicação.

Essas redes têm uma metodologia em que o diálogo e as trocas de dados e informações são permanentes, pois utilizam salas de bate-papo, fóruns de discussão, *uploads* e *dowloads* de arquivos. Isso permite uma construção contínua e controlada do conhecimento que é gerado como fruto da aprendizagem do aluno. Esse controle é feito para acompanhar e retroalimentar o processo de ensino e aprendizagem, possibilitando e incentivando novas construções e trocas.

O uso das redes é um fator que nos permite compreender a importância da tecnologia na educação, que possibilita resolver um problema crucial nas atividades em grupo: a dificuldade que os parceiros tinham em encontrar um tempo e um local apropriado para se reunirem. No ensino a distância, esse uso está presente e pode ser um elemento importante para a qualidade dessa modalidade de ensino.

E o que dizer da **política** de EaD das instituições de ensino? É necessário que essas instituições tenham uma política clara sobre a educação a distância, definindo-a e estabelecendo objetivos, metas e ações para a sua realização no seu plano de desenvolvimento institucional (PDI). A partir dele, é definido e elaborado o projeto pedagógico institucional (PPI), que terá todos os elementos necessários para que cada curso tenha o seu projeto pedagógico (PP).

Portanto, o PP de cada curso não pode ser um instrumento isolado, destoando dos documentos legais da instituição a que pertence, nem tampouco deve atender somente as vontades dos organizadores do curso. Todos esses documentos são articulados e servem de parâmetro para a política da instituição.

Dessa forma, também é fundamental que a política aplicada esteja em consonância com a legislação que rege a modalidade de ensino, principalmente a do Ministério da Educação e dos órgãos fiscalizadores e avaliadores das ações de EaD. É importante que essas políticas dialoguem com as instâncias governamentais, mesmo no caso de instituições privadas de ensino, pois muitas ações podem ser compartilhadas e vivenciadas em projetos de cooperação e parcerias.

Essas possibilidades (cooperação e parcerias) devem ser previstas nos planos e documentos citados, principalmente para facilitar a definição dos currículos de cada curso. Isso é necessário porque, se há cooperação ou parceria, cada parte deve saber o que lhe compete fazer. Os currículos, por sua vez, têm as suas diretrizes definidas no PP do curso, que é o ponto de partida para a organização do trabalho pedagógico.

É primordial que fique clara a participação das tecnologias no projeto do curso, uma vez que é nele que se dá a efetiva inserção delas na educação. O papel das tecnologias nesse processo deve estar contemplado no projeto, de forma que apareçam no documento qual ou quais serão usadas e as formas e objetivos de cada uso. Nessa definição, deve constar também um incentivo ao uso crítico e criativo de cada tecnologia, levando-se em conta a mediação que a educação pode fazer entre esses recursos e a sociedade, principalmente para possibilitar a inclusão social de todos os alunos.

Uma política que vise a esse fim deve prever ações e projetos que sejam complementos das atividades curriculares e fortalecedores da aprendizagem quando possibilita, através dos alunos, uma interferência na realidade de cada um deles. Com isso, a transformação social deve ser uma meta a ser atingida pela educação a distância.

Ficou claro, pelo estudo até agora feito, que o uso das novas tecnologias na educação possibilita uma vivência atualizada e participante dos alunos nessa revolução que os avanços tecnológicos causaram em nossa sociedade. Vivemos grandes alterações paradigmáticas, o que deve ser considerado pela política institucional séria e comprometida com a realidade, não se podendo privar as pessoas desses acontecimentos. Desse modo, é função da EaD dar novos significados para as ações discentes e docentes, aproximando as ofertas de cursos da realidade dos alunos, abrindo novas opções de formação profissional para eles e criando outras possibilidades de ação docente.

Tudo isso também deve ser foco da política de EaD, principalmente possibilitando que os cursos e suas disciplinas trabalhem de forma harmônica e integrada em ações complementares e colaborativas. É importante que sejam previstas instâncias de acompanhamento e controle das ações, tais como:

~ ação docente na aula transmitida;
~ ação dos tutores nos polos de atendimento local;
~ ação docente na tutoria do conhecimento;
~ ação dos tutores no polo central;
~ ação dos tutores na avaliação;
~ ação dos gestores na administração do processo.

Para isso, essas instâncias podem fazer uso das tecnologias de forma que estimulem a integração e a interdisciplinaridade ao mesmo tempo em que descobrem as ações repetidas e conflitantes. Isso pode acontecer, pois uma instância pode não saber o que a outra faz.

Dada a grande complexidade da educação a distância, as políticas institucionais devem prever, também, a formação de **equipes de trabalho** inter e multidisciplinares, para que suas ações específicas sejam complementares e colaborativas. Nesse sentido, para atender as demandas legais, é necessário que haja um local que sirva de centro ou polo próximo às residências dos alunos para dar-lhes apoio e condições individuais, materiais e de infraestrutura, atendendo-os nas suas necessidades presenciais.

Esses centros de apoio devem ser o intermediário entre o professor e o aluno com tutores integrados à política institucional e às ações curriculares desenvolvidas pelos docentes. É importante que o tutor tenha uma formação condizente com suas funções, pois é ele que irá incentivar e dinamizar a autoaprendizagem dos alunos, orientá-los em suas atividades de aprendizagem (individuais e em grupo), acompanhá-los em ações que exige sua presença tutorial e avaliá-los naquilo que lhe compete.

Tudo isso deve ser previsto na política de uma instituição de ensino a distância, que deve dar atenção ao **material didático**, o qual não deve simplesmente ser o mesmo do ensino presencial. Esse material pode e deve ser dinamizado pelo uso das tecnologias, que fornecerá a base necessária para a sua criação, implementação, manutenção e melhoria. Por exemplo: a política da instituição pode prever e organizar uma equipe especializada (ou equipes especializadas) em organizar, elaborar e divulgar o material de apoio do professor para a aula, como os *slides*, vídeos, enquetes, textos, livros, atividades impressas ou virtuais etc.

A política institucional não pode descuidar de um ponto muito importante: a **avaliação**. Para esse fim, deve criar instrumentos e envolver pessoal especializado (como pedagogos) que, junto com os envolvidos diretamente (aluno, professor, tutor), avaliará todo o processo para acompanhar, controlar, dinamizar, divulgar e retroalimentar a educação a distância. As ações pertinentes à avaliação não podem ter os seus resultados apresentados apenas em obrigatoriedade ao cumprimento das solicitações dos órgãos fiscalizadores e/ou institucionais. Pelo contrário, as informações coletadas devem gerar dados consolidados, que servirão para a gestão das atividades de EaD, passando a ser do conhecimento de todos os envolvidos.

As tecnologias podem ser um excelente aliado para esse fim. Determinados *softwares* possibilitam o armazenamento e o processamento do material coletado, a emissão de relatórios condizentes com as necessidades de gestão administrativa e pedagógica, a divulgação dos resultados nas formas e meios variados (em documentos impressos ou virtuais, nas reuniões pedagógicas, seminários etc.) e o retorno e aplicação das análises sobre o que foi divulgado. Tudo isso poderá servir depois para que um novo processo seja iniciado, com o sistema sendo alimentado pela agregação dos resultados e de sua análise.

Essa avaliação deve ocorrer em algumas dimensões. Em primeiro lugar, deve ser dada atenção à **avaliação da aprendizagem do aluno**. Essa avaliação deve ser organizada a partir do que foi estabelecido no projeto pedagógico do curso, com o aluno fazendo a sua autoavaliação e os professores e tutores complementando com as suas avaliações. O processo educacional deve ser avaliado por todos os envolvidos em suas instâncias de atuação (docência, tutoria, discentes e gestão): a partir de suas autoavaliações complementadas com heteroavaliações feitas pelos outros participantes do processo.

A chamada **avaliação institucional** completa o processo se encarregando de analisar as instâncias administrativas, pedagógicas, financeiras, estruturais e orgânicas (ou seja, dos órgãos do sistema), adentrando nas várias camadas em que cada instância é organizada. Nesse sentido, é importante utilizar os critérios estabelecidos pelo Sistema Nacional de Avaliação da Educação Superior (Sinaes), que determina os parâmetros e os indicadores para esse fim.

Esses parâmetros e indicadores constituem as referências que as instituições de ensino superior (IES) utilizam para fazerem a sua autoavaliação e se organizarem para se submeter à avaliação do Ministério da Educação (MEC). Para esse fim, o Sinaes organizou essas referências em dez dimensões, cada uma delas com vários itens a serem observados e avaliados. Para se ter uma ideia, vejamos alguns exemplos: na dimensão "política de ensino da IES", é colocado como critério avaliar a execução do PP, se ele está em consonância com o PDI, se os currículos dos cursos atendem os objetivos do PP, entre vários outros parâmetros. Como indicadores, o Sinaes sugere verificar isso nos documentos escritos e de domínio público do pessoal da IES, tais como: grades curriculares, diários de classe, relatórios etc.

Toda essa política pode ser organizada e dinamizada com a participação das tecnologias de informação e comunicação, sendo que toda essa discussão apresentada deve constar do PDI com detalhes técnicos, administrativos e metodológicos especificados. A definição de recursos financeiros, materiais, pessoais e tecnológicos devem ser explicitados, a fim de serem regulamentados nos projetos pedagógicos institucionais e de cursos, visando à execução das práticas pedagógicas.

Na sequência, iremos discutir a legislação e as normas que regulamentam a EaD, sempre tentando entender e desvelar as mediações tecnológicas que ocorrem nessa modalidade de ensino.

3.2 Aspectos legais e normativos da EaD

A organização da modalidade de educação a distância no Brasil está regulada pelo artigo 80 da Lei nº 9.394, de 20 de dezembro de 1996, que estabeleceu as Diretrizes e Bases da Educação Nacional (a chamada LDB). Diz Brasil (1996, p. 29): "O Poder Público incentivará o desenvolvimento e a veiculação de programas de ensino a distância, em todos os níveis e modalidades de ensino, e de educação continuada".

Em seus quatro parágrafos, o artigo da lei faz menção a alguns aspectos a serem obedecidos, apresentando-os genericamente. Neles está determinado que cabe à União o credenciamento de instituições para tal fim. A União também regulamentará os requisitos para a realização de exames e registro de diploma, enquanto as normas para a produção, controle e avaliação de programas de educação ficarão por conta dos "respectivos sistemas de ensino, podendo haver cooperação e integração entre os diferentes sistemas" (1996, p. 30).

Vale ressaltar que o parágrafo 4.º diz que a EaD terá um tratamento diferenciado, no que diz respeito ao seguinte:

Art. 80. [...]
§ 4.º [...]
I - custos de transmissão reduzidos em canais comerciais de radiodifusão sonora e de sons e imagens;
II - concessão de canais com finalidades exclusivamente educativas;
III - reserva de tempo mínimo, sem ônus para o Poder Público, pelos concessionários de canais comerciais.
[...]

Esforços governamentais foram feitos nesse sentido, o que fez com que percebêssemos claramente a vontade política de se implementar a educação a distância. A facilidade apresentada pelo uso da tecnologia de comunicação disponível tornou o empreendimento viável, o que está permitindo um considerável desenvolvimento dessa modalidade de ensino.

A regulamentação do artigo 80 da Lei nº 9.394/1996 veio pelos Decretos nº 2.494* e nº 2.561** (ambos de 1998), os quais foram revogados pelo Decreto nº 5.622***, em vigor desde 20 de dezembro de 2005. Nesse artigo, está estabelecida a política que garante a qualidade da educação a distância, principalmente no que diz respeito ao credenciamento institucional, à supervisão, ao acompanhamento e à avaliação

---

* Para ver o Decreto nº 2.494/1998 na íntegra, acesse o *site*: <http://www.planalto.gov.br/ccivil_03/Decreto/D2494.htm>.

** Para ver o Decreto nº 2.561/1998 na íntegra, acesse o *site*: <http://www.planalto.gov.br/ccivil_03/decreto/D2561.htm>.

*** Para ver o Decreto nº 5.622/2005 na íntegra, acesse o *site*: <http://www.planalto.gov.br/ccivil_03/_Ato2004-2006/2005/Decreto/D5622.htm>.

do sistema de ensino, obedecendo padrões de qualidade enunciados pelo Ministério da Educação.

O artigo primeiro do Decreto nº 5.622/2005 diz o seguinte:

> Art. 1.º Para os fins deste Decreto, caracteriza-se a educação a distância como modalidade educacional na qual a mediação didático-pedagógica nos processos de ensino e aprendizagem ocorre com a utilização de meios e tecnologias de informação e comunicação, com estudantes e professores desenvolvendo atividades educativas em lugares ou tempos diversos.
>
> [...]

Ao se referir às tecnologias de informação e comunicação, o decreto alude às tecnologias que possibilitam a formação de rede, como a internet e seus recursos (art. 12, inciso X, alínea "d"). Além dela, são considerados o telefone, o rádio, a imprensa e qualquer outro meio que possibilite a criação e a transmissão de informações e conhecimentos. A ênfase na "mediação didático-pedagógica nos processos de ensino e aprendizagem" com o uso das tecnologias permite-nos dizer que o principal critério para a definição dessa modalidade de ensino está em substituir a presença física pela presença virtual. De acordo com Demo (2006, p. 88), "Virtual não se contrapõe ao real, pois é outro modo de expressão da realidade. Daí segue que é possível admitir **presença física** e **presença virtual**. Ambas são 'presença'."

Ora, o que Demo (2006, p. 88) nos diz em tal afirmação é que temos que encarar esse novo paradigma como algo legítimo e que pode ser feito na educação brasileira. Ainda explicando a presença virtual, ele nos diz:

> Estudante virtual, por exemplo, não é fantasma, irreal, inventado, mas tão real quanto os outros, apenas constitui seu modo de presença à

distância. Neste sentido, a distância não é empecilho fatal para a presença, pois é viável estar presente à distância, do que segue que é perfeitamente factível estudar, pesquisar, aprender, conhecer à distância. Se puder sustentar esta noção, a dimensão virtual é própria da natureza humana, à medida que laços de afinidade, afeto, envolvimento podem ser produzidos, mantidos, cultivados à distância.

É comum a alegação do fato de o aluno não estar fisicamente presente constituir um impedimento para a realização de ensino de qualidade. Essa alegação apresenta como justificativa que os alunos ficam muito sozinhos, e que somente junto ao professor eles produzirão melhor e de forma adequada para a sua aprendizagem. Temos visto em ações presenciais que, mesmo com o contato direto entre alunos e professores, muitas atividades de ensino e aprendizagem têm deixado a desejar. Percebemos que não depende (a princípio) da modalidade de ensino o sucesso ou o insucesso da ação, mas de um projeto pedagógico comprometido de fato com a aprendizagem do aluno, a aplicação do conhecimento na sua realidade, no desenvolvimento de um senso crítico capaz de interferências sociais, políticas e outras necessárias ao desenvolvimento comunitário. Tudo isso precisa estar fundamentado em metodologias e avaliações responsáveis, capazes de realizar essas ações com o envolvimento e o compromisso de todos os participantes.

Essa discussão nos remete a outro ponto: a questão das oportunidades que são abertas para aqueles que não tinham acesso ao conhecimento e à cultura. Vejamos o que diz Demo (2006, p. 102) sobre isso:

É fundamental que se abram novas oportunidades, não só porque as oportunidades no Brasil ainda são mínimas (em particular de formação superior), mas principalmente para descortinar [um] horizonte infinito de formação permanente para todos. Aí está o grande argumento: **educação à distância bem conduzida expressa a multiplicação possível** *de oportunidades cruciais para todos*. Acresce ainda o argumento de fato: não há volta. [grifo do original]

Isso confere uma importância maior a essa modalidade de ensino, pois com essas oportunidades podemos resolver o problema da exclusão da educação de muitos indivíduos. Talvez isso não resolva totalmente o problema, mas está-se avançando. Nesse sentido, como diz Demo (2006), "não há volta"; além disso, esse modelo serve tanto para a formação inicial, como para a continuada, aquela que permanece durante a vida profissional das pessoas, com cursos de aperfeiçoamento, de pós-graduação etc.

Para garantir a qualidade, o parágrafo primeiro do artigo primeiro do Decreto nº 5.622/2005, diz:

> Art. 1.º [...]
>
> § 1.º *A educação a distância organiza-se segundo metodologia, gestão e avaliação peculiares, para as quais deverá estar prevista a obrigatoriedade de momentos presenciais para:*
>
> *I - avaliações de estudantes;*
>
> *II - estágios obrigatórios, quando previstos na legislação pertinente;*
>
> *III - defesa de trabalhos de conclusão de curso, quando previstos na legislação pertinente; e*
>
> *IV - atividades relacionadas a laboratórios de ensino, quando for o caso.*
>
> [...]

Vemos, no dispositivo legal, que a Educação a Distância deve ser organizada de uma forma peculiar, com metodologia, gestão e avaliação próprias, mas que ela precisa garantir alguns momentos presenciais.

Isso será dado por ocasião do atendimento à realização de atividades para gerar elementos para a avaliação de cada aluno, como provas, exposição de trabalhos e seminários. Não se deve descartar, contudo, outras atividades a distância que podem compor o grupo de elementos.

Outra situação que exige a presença do aluno são os **estágios obrigatórios curriculares**, nos quais os alunos exercem uma atividade correlata à sua formação, sendo acompanhados, avaliados e supervisionados por pessoas tanto no local de realização quanto no polo de apoio presencial ao aluno. As defesas de trabalhos de conclusão de curso e as atividades ligadas a laboratórios de ensino, pesquisa e aprendizagem também devem ser realizadas nos polos locais próximos à residência do aluno.

Esses polos de apoio são exigências legais, de forma a propiciar o complemento da aprendizagem do aluno, que não pode ter essa forma de atendimento feita de forma descuidada ou burocrática, destituída de qualquer princípio pedagógico. Por isso, recomenda-se que nesses polos haja pessoal habilitado na função de tutor, com formação necessária de, no mínimo, uma graduação (pedagogia ou licenciaturas), seguida de uma especialização na área.

Percebemos, com isso, que os instrumentos legais têm como objetivo um ensino a distância com uma qualidade igual ou melhor em relação aos estudos presenciais. Não há um descaso nesse tipo de formação que o deixe em um nível mais baixo. É claro que, como nos presenciais, corre-se o risco de ter variados tipos de atendimento, com qualidades diferenciadas, tendo em vista as muitas possibilidades metodológicas e didáticas. Resta aos órgãos de acompanhamento, controle e fiscalização terem os cuidados necessários para a melhoria e garantia de uma qualidade que não seja discriminatória, tendo em vista o grupo social a ser atendido ou da região do país a ser beneficiada.

Resumidamente, podemos dizer que o Decreto nº 5.622/2005 apresenta como relevante o seguinte:

~ a caracterização da EaD como uma modalidade de ensino, assim como a orientação dos sistemas de ensino na sua execução;
~ a preponderância das formas de avaliação presencial sobre aquelas feitas a distância;
~ apresentação de critérios de credenciamento para serem abordados no PDI, principalmente no que diz respeito aos polos de apoio locais ou centros associados próximos ao aluno;
~ mecanismos para evitar abusos em relação à oferta de vagas, que deve estar vinculada ao atendimento de condições necessárias;
~ orientação sobre o estabelecimento de parcerias de colaboração e cooperação entre instâncias de poder (governos municipais, estaduais e federal, e instituições privadas) e conselhos de educação, visando à troca de informações, supervisão compartilhada, unificação de normas e procedimentos e interação entre os agentes;
~ atenção ao atendimento de pessoas com deficiência;
~ organização de um documento oficial que contenha os Referenciais de Qualidade para a educação a distância feita pelo MEC.

Com relação a esse último tópico, o MEC colocou em vigor em agosto de 2007 o documento *Referenciais de Qualidade para a Educação Superior a Distância*, elaborado com base em estudos feitos por uma comissão de especialistas criada para esse fim em 2002, mesmo antes do Decreto nº 5.622/2005 apontar para a necessidade dele.

Esses referenciais não passam a ser um instrumento legal obrigatório, mas um documento "referencial norteador para subsidiar atos legais do poder público no que se refere aos processos específicos de regulação, supervisão e avaliação da modalidade citada" (Brasil, 2007, p. 2). Nesse sentido, o documento apresenta como sendo um objetivo de sua elaboração, segundo Brasil (2007, p. 2), "ter função indutora, não só em termos da própria concepção teórico-metodológica da educação a distância, mas também da organização de sistemas de EaD".

No início do documento, segundo Brasil (2007, p. 7), o que nos chama a atenção é o seguinte: "Apesar da possibilidade de diferentes modos de organização, um ponto deve ser comum a todos aqueles que desenvolvem projetos nessa modalidade: é a compreensão de **educação** como fundamento primeiro, antes de se pensar no modo de organização: **a distância**."

Com essa afirmação, podemos perceber que, apesar das peculiaridades que envolvem a educação a distância, o essencial para iniciar um processo dessa natureza é a compreensão institucional e individual (de professores, alunos, gestores e funcionários) sobre educação. Essa compreensão é que vai definir as demais atividades, pois ela determinará as metas, as ações, as metodologias e os recursos que serão utilizados. Isso permite que o processo seja contextualizado dentro do sistema educacional brasileiro, respeitando-se as necessidades individuais do aluno e as da região em que é feita a formação.

Reforçando esse argumento, o documento diz "que um projeto de curso superior a distância precisa de forte compromisso institucional em termos de garantir o processo de formação que contemple a dimensão técnico-científica para o mundo do trabalho e a dimensão política para a formação do cidadão." (Brasil, 2007, p. 7). Dessa forma, o projeto pedagógico do curso tem que ser muito claro em relação a isso, definindo com detalhes como será a organização do trabalho pedagógico, a infraestrutura necessária e os recursos humanos envolvidos.

Para cumprir isso e ter a preocupação com a qualidade, o projeto pedagógico, segundo Brasil (2007, p. 8), deve tratar detalhadamente dos seguintes assuntos:

~ concepção de educação e currículo no processo de ensino e aprendizagem;
~ sistemas de comunicação;
~ material didático;

~ avaliação;
~ equipe multidisciplinar;
~ infraestrutura de apoio;
~ gestão acadêmico-administrativa;
~ sustentabilidade financeira.

No detalhamento de cada tópico anteriormente citado, o documento *Referenciais de Qualidade para a Educação Superior a Distância*, segundo Brasil (2007, p. 10), ao comentar sobre "Sistemas de Comunicação", traz argumentos em relação ao uso das tecnologias de informação e comunicação no processo. Vejamos o que diz Brasil (2007, p. 10):

> *O desenvolvimento da educação a distância em todo o mundo está associado à popularização e democratização do acesso às tecnologias de informação e de comunicação. No entanto, o uso inovador da tecnologia aplicada à educação deve estar apoiado em uma filosofia de aprendizagem que proporcione aos estudantes efetiva interação no processo de ensino-aprendizagem, comunicação no sistema com garantia de oportunidades para o desenvolvimento de projetos compartilhados e o reconhecimento e respeito em relação às diferentes culturas e de construir o conhecimento.*

O fato de que a educação a distância em todo mundo desenvolveu-se graças "à popularização e democratização do acesso às tecnologias de informação e de comunicação" é incontestável. O que dizemos a respeito disso é que a educação a distância pode ajudar cada vez mais nessa popularização e democratização das tecnologias. Na prática pedagógica da EaD, isso também deve ser motivo para um projeto de interferência e aplicação de conhecimentos na realidade vivenciada pelos alunos, no intuito de dar aos excluídos dessa democratização a oportunidade de uma inclusão digital e social.

O que mais nos chama a atenção é o fato de o documento se referir ao uso da tecnologia aplicada à educação vinculado a uma filosofia de aprendizagem com o fim de permitir aos alunos uma interação maior entre eles e outros atores. Essa interação ocorreria para promover a autoaprendizagem, a comunicação para compartilhamento de projetos e o reconhecimento e respeito em relação às várias culturas envolvidas e para possibilitar construir, desconstruir e reconstruir o conhecimento em comunidades de aprendizagem que se interconectam em rede. Isso se dá sempre que um conhecimento construído por uma comunidade de aprendizagem é tornado público na rede. Outra comunidade, ao se apropriar desse conhecimento, passa a analisá-lo, decompondo-o na tentativa de compreendê-lo. Feito isso, utiliza-o e agrega a ele outros dados e/ou elementos, reconstruindo-o e disponibilizando-o novamente na rede. Isso acontece com frequência nos fóruns de discussão na internet, quando um tema é colocado em estudo e tem um mediador coordenando objetivamente o processo. Depois de um determinado tempo, fazendo uma análise do discurso das pessoas envolvidas, percebemos isso.

Essa vinculação do uso das tecnologias na educação a uma filosofia de aprendizagem reforça a nossa ideia já comentada em outros momentos de que os recursos tecnológicos não podem estar desvinculados do ato formativo e educativo, ou seja, não podem estar isolados do processo ensino-aprendizagem com o fim em si mesmo. Isso não deve ocorrer na escola, embora ocorra na prática.*

Continuando o nosso estudo, vamos discutir alguns pontos sobre planejamento e uso das tecnologias na EaD.

---

* Para conhecer mais sobre instrumentos legais de educação superior a distância, como e onde utilizá-los, é possível verificar o seguinte *site* mantido pela Secretaria de Educação a Distância (Seed), do Ministério de Educação (MEC): <http://portal.mec.gov.br/seed>. Vale a pena consultar e conhecer.

3.3 Planejamento e uso das tecnologias na EaD

Em qualquer atividade, o papel do planejamento é muito importante. Em se tratando do uso das tecnologias na educação superior a distância, o passo inicial para isso está em partir do que está previsto no projeto pedagógico do curso (PPC).

Esse projeto não foi elaborado sem fundamentação; foi gerado a partir das diretrizes traçadas no PPI, que, por sua vez, surgiu a partir dos objetivos e ações que estão no PDI, o qual, geralmente, é um plano para ser executado em quatro anos.

Portanto, é importante conhecer a integração entre esses documentos e, principalmente, ter acesso a eles para consultá-los e utilizá-los sempre que necessário. Mesmo sabendo que o PPC vem dos outros dois, na hora de planejar é sempre bom saber o que dizem todos eles sobre o uso das tecnologias na educação. Esse é o primeiro passo do processo.

Dependendo do que foi definido nos documentos supracitados, o próximo passo é compreender os pressupostos filosóficos que sustentam o processo ensino-aprendizagem e como integrar o uso das tecnologias a eles. Como exemplos desses pressupostos, podemos citar: qual a missão institucional, que linha educacional será seguida, que valores serão desenvolvidos para executar a missão etc. É uma tarefa que exige reflexão e não pode ser definida isoladamente por uma pessoa, mas por todos os atores envolvidos no processo (professores, alunos, gestores e funcionários).

O estudo dos documentos para conhecer o que foi dito anteriormente deve nos levar a identificar que tipo de ensino está sendo sugerido para ser executado, ou seja, se é ensino técnico profissional, de graduação, pós-graduação ou outro. No estudo, deve ficar claro o papel dos envolvidos no processo, principalmente do professor e do aluno.

Para auxiliar essa compreensão e definição dos recursos tecnoló-gicos que melhor se integram a cada tipo de ensino, vejamos a classificação de Kenski (2006). Nela encontramos o papel do professor e do aluno em quatro diferentes estratégias de ensino nas quais tecnologias da informação e da comunicação podem auxiliar no desenvolvimento das ações. Para facilitar, apresentamos o resumo das ideias da autora no quadro a seguir:

Quadro 3.1 – Papel do professor e do aluno na EaD

Estratégia	Tecnologia	Perspectiva pedagógica
1. Professor: contador de histórias.	Vídeo, programa de rádio, teleconferência.	O professor pode ser substituído por um desses recursos tecnológicos e se ocupar de tarefas que só ele pode executar.
2. Professor: negociador.	Uso de um texto ou de um livro, visita a um lugar, filme.	Discussão de temas, observação em locais em que a prática ocorre ou em filmes e vídeos. Interação fora da sala de aula.
3. Aluno pesquisador.	Variados recursos midiáticos: livros, internet, filmes, vídeos, revistas, programas de rádio e de televisão, propagandas etc.	O professor não age diretamente. O aluno interage com o conhecimento por meio dos recursos midiáticos. Ele aprende por descoberta e o professor finaliza, ordenando os conhecimentos apreendidos.
4. Professores e alunos colaboradores.	Variados recursos midiáticos (veja acima).	Professor e aluno usam os recursos multimidiáticos juntos para buscas e trocas de informações. Ambos aprendem.

Fonte: KENSKI, 2006, p. 47.

Vemos que as estratégias apresentadas anteriormente podem ser utilizadas em determinados momentos e não em todo o processo, como, por exemplo, uma palestra, um seminário ou a discussão de um tema. Isso principalmente em relação às duas primeiras. Mesmo assim, o tipo de ensino adotado pelo professor pode recorrer sempre a essas duas estratégias, isto é, o professor sempre apresenta um tema contando histórias ou negociando com os alunos algumas atividades práticas a serem feitas fora da sala de aula. Nesses casos, ele apresenta narrações gravadas ou vídeos, planejando as atividades com o uso de tecnologias que podem substituí-lo. Enquanto isso, ele propicia o apoio necessário com explicações complementares ou outras ações que só ele pode realizar. Ele também pode usar essas estratégias em tarefas repetitivas.

No que diz respeito à terceira estratégia, percebemos que o professor se distancia do aluno. Nesse caso, todo o trabalho deve ser planejado em conjunto entre o professor e o aluno para definir a temática, os recursos tecnológicos a serem utilizados, a utilização prévia e aplicada desses recursos, um cronograma de ações, as formas de interação e outros aspectos específicos, tanto locais como institucionais. Vemos que nessa situação o aluno parte para uma autoaprendizagem consciente e responsável.

Quanto à quarta situação, percebemos que ela pode ser vivida a distância. Para esse fim, professores e alunos usam os recursos midiáticos em uma troca de informações e conhecimentos em que ensinar e aprender são papéis que podem ser trocados, com ambos colaborando para isso. Notamos que aqui as tecnologias não são do conhecimento e utilização apenas de um lado da ação (do professor ou do aluno), mas ambos sabem sobre as competências e os potenciais delas, usando-as adequadamente.

Em todas as situações anteriores, é importante que o professor saiba quais recursos podem ser usados, tendo antecipadamente conhecido sobre as suas utilizações e previamente já os usado. Isso deve fazer parte do seu planejamento, que também deve conter os papéis que cada um deve desempenhar em cada situação. Esse planejamento deve ter uma riqueza de detalhes que permitam ver e acompanhar as ações de cada agente.

Para que isso ocorra, o uso das tecnologias em um processo ensino-aprendizagem deve propiciar momentos de desenvolvimento de certos valores educacionais, éticos, morais e sociais em que seja desenvolvida uma inteligência coletiva, segundo Kenski (2006), capaz de definir novos rumos para a vida do grupo.

O ambiente possibilitado pelas novas tecnologias é, na educação a distância, uma **nova sala de aula**, que deve ser vista como o local das práticas sociais. Esse local deve ser visto anteriormente em simulações, ou testes-pilotos, que podem juntar elementos para prever os futuros acontecimentos, em um exercício que pode antecipar problemas e neutralizá-los, otimizando o potencial dos recursos que serão utilizados. Isso deve ser cuidadosamente planejado.

Tendo compreendido e identificado os pressupostos filosóficos que fundamentam o processo de educação superior a distância e definido o tipo de ensino a ser ministrado, é importante que seja verificado o que projeto pedagógico traz sobre as tecnologias. Identificar quais as disponíveis e quais serão utilizadas, a forma de suas utilizações e outras informações pertinentes é fundamental para o planejamento e organização do trabalho pedagógico.

Ao planejar o uso das tecnologias de informação e comunicação na educação superior, o gestor e todos os envolvidos têm que colocar à disposição do processo que está sendo construído um sistema de comunicação que permita ao aluno, segundo Brasil (2007, p. 11), "resolver, com rapidez, questões referentes ao material didático e seus conteúdos, bem como aspectos relativos à orientação de toda aprendizagem, articulando o estudante com docentes, tutores, colegas, coordenadores de curso e disciplinas e com os responsáveis pelo sistema de gerenciamento acadêmico e administrativo". Para esse fim, é primordial que haja uma equipe específica, que tenha a compreensão de todo o processo, quer seja sobre as questões administrativas e de gestão, quer seja sobre as pedagógicas. É necessário perceber que são ações integradas e que não funcionam isoladamente. As dimensões técnica, administrativa, financeira e pedagógica devem agir em torno de um eixo comum, com mesmo objetivo, em ações integradas e complementares.

Durante o planejamento de uso das tecnologias, segundo Brasil (2007, p. 11), devemos prestar atenção no seguinte:

> *Para atender às exigências de qualidade nos processos pedagógicos devem ser oferecidas e contempladas, prioritariamente, as condições de telecomunicação (telefone, fax, correio eletrônico, videoconferência, fórum de debate pela Internet, ambientes virtuais de aprendizagem, etc.), promovendo uma interação que permita uma maior integração entre professores, tutores e estudantes.*
>
> *Da mesma forma que a interação entre professor-estudante, tutor-estudante e professor-tutor deve ser privilegiada e garantida, a relação entre colegas de curso também necessita de ser fomentada. Principalmente em um curso a distância, esta é uma prática muito valiosa, capaz de contribuir para evitar o isolamento e manter um processo instigante, motivador de aprendizagem, facilitador de interdisciplinaridade e de adoção de atitudes de respeito e de solidariedade ao outro, possibilitando ao estudante o sentimento de pertencimento ao grupo.*

Como vemos, é a recomendação do MEC que nos apresenta como referência para a qualidade o uso dos recursos tecnológicos. Percebemos que o planejamento das ações tem que se preocupar com as condições de interação entre professores, tutores e alunos com esse nível de exigência. Salientamos, no momento, a preocupação em assegurar como "prática muito valiosa" uma interação que permita ao estudante se reconhecer como pertencente a um grupo, pois ele terá à sua disposição recursos tecnológicos que não o deixa isolado, promovendo a sua integração. Essa preocupação deve estar presente no momento do planejamento, mas não deve ser apenas dos que atuam na área pedagógica, mas também, e principalmente, dos da área técnica e administrativa.

Uma interação instigante e motivadora para a aprendizagem deve estar no planejamento daqueles que mais diretamente atuarão junto ao aluno, como professores e tutores, buscando técnicas e estratégias para que isso ocorra, como exemplo: professores e tutores terem o hábito de utilizar o ambiente virtual de aprendizagem colocando avisos, trocando informações no *chat*, discutindo um tema no fórum de discussão, recuperando o que ficou gravado da discussão, refletindo sobre as ideias e o conhecimento gerado etc. Os demais envolvidos (pessoal técnico) complementarão com o apoio necessário para tal.

Assim, vemos que a qualidade exigida passa também a ter uma interação que seja facilitadora da interdisciplinaridade e que possibilite o desenvolvimento de atitudes de respeito e de solidariedade. Muitas vezes, pensa-se que só é possível promover esses valores em momentos de presença física e não por meio da "frieza" da tecnologia. Na verdade, trabalhar e incentivar o desenvolvimento desses valores é tirar da tecnologia essa frieza aparente e torná-la instrumento para a percepção e transmissão do calor humano que permite perceber a presença do outro em um processo de interação a distância.

Nesse planejamento, que deve ser feito visando atender as exigências legais, não se pode esquecer-se de prever os momentos presenciais exigidos que serão organizados atendendo as características e metodologia do curso. Por isso, o projeto pedagógico do curso deve trazer diretrizes para essas ocorrências, com previsão de quantidade, objetivo, pessoal envolvido e outras características, como também descrever como ocorrerão as interações e tudo o que lhe diz respeito, isto é, dizer em que momento do processo acontecerão as interações, quanto tempo durarão, que temática será discutida em cada uma, como será escolhida essa temática, quem serão os participantes etc. O projeto pedagógico, que dá as diretrizes para o planejamento e execução das ações de EaD, traz essas informações e também as que dizem respeito aos aspectos técnicos e administrativos para a execução das atividades. Os responsáveis por cada ação devem ter nele sempre o desencadeador de cada ação na educação a distância.

Uma atenção especial deve ser dada ao planejamento da formação, supervisão e avaliação dos tutores que atuarão no processo. Esse é um ponto muito importante para a qualidade da EaD e não deve ser considerado de forma independente, mas de forma integrada às demais ações, principalmente à prática pedagógica exercida pelos docentes.

Devemos, a partir de um planejamento global, incentivar que cada participante do processo de educação superior à distância faça o seu próprio planejamento, sempre integrado com os demais. Além disso, todos devem ser orientados para trabalhar em torno de um eixo comum já definido nos documentos institucionais citados.

É importante que todos percebam que o aluno é o centro do processo e que ele deve ser constantemente incentivado para a sua autoaprendizagem e para a interação com os seus pares, professores, tutores e, também, com os gestores. Para esse fim, é necessário que o exemplo de interação parta dos três últimos, mostrando, aos alunos, que utilizam adequadamente os recursos tecnológicos e sabem fazer devidamente as relações necessárias dessa tecnologia com o ensino e a aprendizagem.

Concluindo o nosso estudo, veremos, no próximo capítulo, como ocorre a mediação tecnológica na EaD, bem como a sua importância na nossa prática pedagógica.

Síntese

Neste capítulo, estudamos determinados aspectos da educação superior a distância, como os princípios e a política da EaD, vistos na perspectiva da interação tecnológica no processo ensino-aprendizagem, revelando elementos que merecem uma atenção especial durante a prática pedagógica. Nesse sentido, apresentamos certas preocupações que surgem no debate sobre educação a distância e que servem de argumentos contrários a essa modalidade de ensino. Como contraponto a esse tipo de argumento, apresentamos como premissa fundamental da EaD a possibilidade do aumento das condições de acesso por mais alunos ao conhecimento e aos bens culturais.

Para esse fim, salientamos a necessidade de um sistema em rede como uma técnica que serve para organizar e articular ações que têm um mesmo objetivo, como o acesso universal ao conhecimento e à cultura, e para organizar o processo de ensino e aprendizagem. Esse sistema é composto de fases, que foram apresentadas e comentadas no capítulo.

Para essa modalidade de ensino, é necessária uma flexibilidade ao acompanhar e estruturar o processo de estudo dos alunos, incentivando-os a lançar mão dos recursos disponíveis de acordo com o seu tempo e espaço próprio. Deseja-se que a autoaprendizagem seja a estratégia difundida, com o uso de recursos tecnológicos que formem um ambiente virtual – com *chat*, fóruns de discussão, correio eletrônico, entre outros –, que permitam a colaboração entre os envolvidos no processo. Para isso, é necessário organizar e planejar cada fase do processo, definindo competências de cada pessoa envolvida, os recursos que serão utilizados e o tipo de relação necessária para ações articuladas e colaborativas.

Na organização e planejamento de um ensino a distância, o processo deve ter como base os projetos pedagógicos institucionais e de cursos da EaD, organizados com base nos princípios e políticas estudados. Devemos levar em conta os aspectos legais e normativos da educação superior a distância, enfatizando a mediação das tecnologias nesse processo. Nesse ponto, destacamos o papel dos *Referenciais de Qualidade para a Educação Superior a Distância*, documento elaborado pelo

MEC, na definição da prática pedagógica.

Como conclusão do capítulo, estudamos o planejamento e o uso das tecnologias na educação superior a distância, destacando determinadas estratégias que podem ser utilizadas como referência para o planejamento, bem como as tecnologias que melhor se ajustam a cada estratégia e com qual perspectiva pedagógica podem ser utilizadas.

Indicação cultural

REDE DE TECNOLOGIA SOCIAL. Disponível em: <http://www.rts.org.br/>. Acesso em: 18 nov. 2008.

> *Veja o site da Rede de Tecnologia Social. Nele você terá acesso a artigos, entrevistas, exemplos de tecnologias sociais, vídeos com esses exemplos e muitas outras atividades.*
>
> *A partir da análise do conteúdo do site acima, faça uma lista de possibilidades de aplicação dos conhecimentos adquiridos para interferir no contexto em que você vive, para resolver coletivamente um problema que atinge sua casa, sua rua, seu bairro ou sua cidade. Discuta isso com sua comunidade de aprendizagem.*

Atividades de Autoavaliação

1. Conforme afirmação de Demo (2003, 2006), são argumentos utilizados contra a educação a distância:
   a) Possibilidade de fraudes por causa da perda de controle; fácil acesso a diplomas e certificados; contradição nos termos, pois educar exige presença; isolacionismo do aluno.
   b) Possibilidade de fraudes por causa da perda de controle, fácil acesso a diplomas e certificados, muitas interações a distância, colaboração entre os alunos.

c) Fácil acesso a diplomas e certificados; contradição nos termos, pois educar exige presença; muitas interações a distância; colaboração entre os alunos.

d) Fácil acesso a diplomas e certificados; isolacionismo do aluno; possibilidade de acesso em vários lugares; colaboração entre os alunos.

2. Assinale a alternativa que contém as palavras que completam, na ordem, a seguinte frase: "É premissa _____ no ensino a distância na educação superior o _____ das condições de _____ por mais alunos ao _____ e aos bens _____, usufruindo dos benefícios advindos."
   a) fundamental; acesso; conhecimento; aumento; sociais.
   b) importante; acesso; conhecimento; elevado; sociais.
   c) fundamental; aumento; acesso; conhecimento; culturais.
   d) importante; aumento; conhecimento; acesso; culturais.

3. Assinale a alternativa que melhor se aplica à ideia geral da legislação relativa ao uso das tecnologias no ensino a distância:
   a) De acordo com os dispositivos legais, as tecnologias da informação e da comunicação relacionadas ao ensino a distância são apenas a internet e seus recursos, pois são as únicas que possibilitam a formação de redes.
   b) De acordo com os dispositivos legais, as tecnologias da informação e da comunicação relacionadas ao ensino a distância são aquelas que possibilitam a formação de redes, como a internet e seus recursos, além do telefone, do rádio, da imprensa e de outros meios que criam e transmitem informação e conhecimento.
   c) De acordo com os dispositivos legais, as tecnologias da informação e da comunicação relacionadas ao ensino a distância não precisam formar uma rede, bastando apenas criar e transmitir

informação e conhecimento.
d) De acordo com os dispositivos legais, as tecnologias da informação e da comunicação relacionadas ao ensino a distância podem ser qualquer uma, desde que transmitam informação.

4. Assinale a alternativa **incorreta**:
   a) A mediação didático-pedagógica realizada por meio das tecnologias, nos processos de ensino e aprendizagem da EaD, apresenta como principal característica o fato de substituir a presença física pela presença virtual.
   b) Para o sucesso da EaD, é necessário que haja um projeto pedagógico comprometido com a aprendizagem do aluno, com a aplicação do conhecimento na sua realidade, com o desenvolvimento de um senso crítico capaz de interferências sociais, políticas e outras necessárias ao desenvolvimento comunitário.
   c) O dispositivo legal estabelece que a educação a distância deve ser organizada de uma forma peculiar, com metodologia, gestão e avaliação próprias, mas garante alguns momentos presenciais necessários.
   d) O fato de o aluno não estar fisicamente presente é impedimento para a realização de um ensino de qualidade, pois o contato direto que existe no ensino presencial é sempre garantia de boas atividades de ensino e aprendizagem.

5. Verifique se as sentenças apresentada nos itens I a IV, são verdadeiras ou falsas. Depois assinale a alternativa que apresenta a sequência correta:
   I. Para planejar o uso das tecnologias na educação superior a distância, os passos iniciais são: partir do que está previsto no projeto pedagógico do curso (PPC) e compreender os pressupostos filosóficos que devem sustentar o processo ensino-aprendizagem.

II. As estratégias de "contador de histórias" e "negociador", usadas pelos professores, são as que mais se enquadram na educação superior a distância, tendo em vista o uso mínimo necessário de tecnologia.

III. A estratégia em que alunos e professores são colaboradores é a que menos se enquadra na educação superior a distância, tendo em vista os variados recursos midiáticos que podem ser utilizados em múltiplas interações em rede.

IV. O uso das tecnologias no processo ensino-aprendizagem na educação superior a distância deve propiciar momentos de desenvolvimento de certos valores educacionais, éticos, morais e sociais, assim como desenvolver uma inteligência coletiva capaz de definir novos rumos para a vida do grupo.

a) V, V, F, F
b) V, F, F, V
c) F, F, V, V
d) V, F, V, F

Atividades de Aprendizagem

Questões para Reflexão

1. O Fórum Nacional de Pró-Reitores de Graduação das Universidades Brasileiras (ForGRAD) emitiu um documento sobre a educação a distância (EaD) na graduação, disponível na internet, que mostra o pensamento das autoridades brasileiras sobre o assunto. Nele estão contidos os marcos conceituais, as diretrizes, os princípios e outros elementos da EaD para a graduação. Conheça o documento no *link*: <http://www.forgrad.org.br/arquivo/CONTRIBUI__ES_DO_FORGRAD_PARA_EaD_-_CELENE.doc> (obs.: entre "CONTRIBUI" e "ES" são dois traços sublineares).

2. O documento anteriormente citado traz seis pontos que são considerados propostas pedagógicas oriundas dos novos paradigmas educacionais. Conheça a proposta e identifique que paradigmas são esses. Faça um comentário pessoal comparando os paradigmas estudados no capítulo com o que identificou, partindo do seguinte questionamento: por que o texto se refere a uma "(res)significação de paradigmas educacionais" em relação a determinados pontos? E em relação ao compromisso político-social das universidades?

Atividades Aplicadas: Prática

1. Constam no documento citado na atividade anterior os "princípios para a EaD". Após conhecer cada um deles, identifique na sua prática ligada ao processo de ensino e aprendizagem como é possível organizar o trabalho pedagógico. Depois organize uma discussão em um grupo de estudos, tendo como temática aquilo que identificou. No final, o grupo deve emitir um parecer sobre como deve ser essa organização diante dos princípios analisados e arquivá-lo numa pasta do grupo.

2. Para direcionar a discussão, tome como base a sua realidade e a sua comunidade de aprendizagem, principalmente levando em conta os problemas que afetam a prática pedagógica, considerando o que o documento fala sobre isso e o que você tem estudado neste livro.

Capítulo 4

Até o momento, verificamos as muitas relações que a tecnologia tem com a ação educacional, percebendo os seus objetivos, tipos e usos, bem como seus impactos na educação e na sociedade e sua relação com o conhecimento. Ao iniciarmos essa parte do estudo, precisamos compreender, antes de tudo, o que é **mediação pedagógica** com o uso das tecnologias na educação.

Mediações tecnológicas na educação superior a distância

De acordo com Tajra (2002, p. 7), "Entendemos por mediação pedagógica as ações e atitudes dos professores perante o processo de ensino/aprendizagem, ou seja, são as relações intermediárias que afetam diretamente o processo de aprendizagem." Essas relações serão discutidas a partir da intermediação das tecnologias com o objetivo de compreender e poder definir metodologias de utilização destas na EaD.

Nesse sentido, abordaremos aspectos metodológicos do ensino a distância, identificando elementos para o planejamento e execução das atividades com a eficiência necessária para conferir uma qualidade suficiente à aprendizagem.

Além disso, discutiremos os critérios de avaliação da tecnologia para identificar instrumentos que possam retroalimentar o sistema a fim de ter elementos para manter o que está no rumo e corrigir os desvios de percurso, melhorando as competências em busca da qualidade.

Terminaremos esta parte do estudo com discussões sobre a avaliação da EaD, apresentando ideias que possam auxiliar a definição de estratégias para incentivar os alunos a uma boa aprendizagem. A partir disso, o professor analisará e divulgará os resultados apresentados pelos alunos para que estes tenham um *feedback* de seus desempenhos.

4.1 Aspectos metodológicos do ensino superior a distância

Conforme argumento colocado na introdução deste capítulo, a mediação pedagógica constitui-se das atitudes e recursos que o professor utiliza durante a sua prática pedagógica, que servem de meio para o processo de ensino e aprendizagem entre professor e aluno. De acordo com Tajra (2002), podemos, por uma razão didática, distinguir essa mediação pelos tipos de tecnologias utilizadas: física, simbólica ou organizadora.

Quanto ao primeiro tipo de mediação, diz a autora (2002, p. 7): "a mediação pedagógica com tecnologias físicas é a atuação de aprendizagem intermediada com a utilização de recursos físicos (livros, mapas, cadernos, cartazes, vídeos, rádios, computadores)." Essa mediação é facilmente percebida. Em qualquer ação no processo ensino-aprendizagem de qualquer modalidade de ensino, devemos dar especial atenção a essas tecnologias.

No nosso planejamento, precisamos ter o cuidado de conciliar cada tecnologia com o projeto pedagógico do curso, alinhando-a com os objetivos de cada disciplina do currículo e tendo cuidado em descobrir qual tecnologia melhor se encaixa em cada situação. Isso é necessário porque o recurso utilizado pode, muitas vezes, não se adequar metodologicamente àquilo com que se está trabalhando.

Por exemplo, ao trabalhar o relevo no estudo do solo, o professor apresenta um mapa na parede e tenta, verbalmente, fazer os alunos perceberem os tipos de relevo que o mapa, na vertical, apresenta. Ao passo que, se ele utilizar maquetes, ou construí-las com material reciclável (papelão, por exemplo), o aluno verá na horizontal, no sentido em que ele caminha sobre o solo, e terá a percepção visual e táctil para distinguir as diferentes formas que um solo pode apresentar.

Salientamos, no exemplo acima, a construção do recurso, que é uma tecnologia física associada à reciclagem de material descartado. Essa é uma ação que pode desencadear uma consciência de sustentabilidade ambiental se uma metodologia apropriada e frequente for usada com destaque. Atualmente, esse tema aparece nos projetos pedagógicos dos cursos, e muitas vezes as pessoas não sabem como trabalhá-los. Essa consciência de sustentabilidade geralmente é colocada no rol dos valores a serem desenvolvidos na educação, e uma simples atenção e cuidado na escolha das tecnologias que irão mediar o processo podem, numa só ação, ensinar um tema articulado com o desenvolvimento de um valor para uma cidadania saudável e transitar em outra (ou outras) temática(s) ao mesmo tempo. Isso pode desencadear tanto uma **interdisciplinaridade** (quando se integram disciplinas), quanto uma **transdisciplinaridade** (quando se vai mais além da integração de disciplinas, ou seja, quando se explica um tema com argumentos que adentram os conceitos de mais de uma disciplina).

Ainda conforme Tajra (2002, p. 7),

> *a mediação pedagógica com tecnologias simbólicas é a atuação de aprendizagem intermediária a partir da utilização de diferentes mídias [formas] de comunicação: oral, escrita, gestos e pictórica, ou seja, é a*

forma de comunicação utilizada para promover o diálogo e a interação dos membros durante o processo de aprendizagem.

Vemos que essa forma de mediação, assim como as demais, articula-se com as outras. Muitos profissionais exageram no uso de uma (a oral, por exemplo) e se esquecem que podem também utilizar outras e conseguir uma aprendizagem e um ensino com melhor qualidade.

Em relação à terceira mediação, Tajra (2002, p. 7) argumenta o seguinte:

> A mediação pedagógica com tecnologias organizadoras é a forma como são realizadas as dinâmicas que promovem a aprendizagem, ou seja, são as estratégias utilizadas para o desenvolvimento do processo de aprendizagem. Uma aula pode ser realizada com exposição de um assunto, por meio de dinâmicas de grupo, por leitura de textos, dentre outros. Também podemos considerar como tecnologia organizadora as técnicas construtivistas, montessorianas, tradicionais e outras que norteiam as ações pedagógicas dos professores.

Vemos que as mediações pedagógicas ocorrem simultaneamente ao uso das tecnologias. A preocupação que anteriormente apresentamos ao falar sobre a mediação com tecnologias físicas é retomada aqui. As metodologias de uso dessas tecnologias (físicas, simbólicas e organizadoras) nas mediações pedagógicas devem ser bem planejadas, uma vez que elas são complementares entre si e podem ocorrer concomitantemente. Por isso, há o cuidado em escolher a mais adequada em cada situação, principalmente porque mais de um tipo de tecnologia poderão ser utilizadas.

Nesse sentido, devemos ter muito cuidado na escolha da metodologia de ensino porque ela pode levar a uma aprendizagem com resultados contrários aos objetivos, simplesmente porque não se usaram as mediações tecnológicas adequadas a cada caso. Ainda, as tecnologias usadas podem ser inapropriadas para uma articulação no desenvolvimento de um tema de ensino. Por exemplo, no caso do estudo do relevo anteriormente citado em que foi usado um mapa na parede. Além da inadequação da metodologia física (o mapa na parede), foram utilizados apenas a aula expositiva (metodologia organizadora) e a voz, a escrita e gestos (metodologias simbólicas). Seria muito mais rico e garantiria uma aprendizagem melhor se, além da maquete já citada anteriormente e de outras tecnologias, os alunos pudessem criar vários tipos de relevo em outras maquetes, discutissem sobre elas em grupo, organizassem uma atividade para estudos em locais em torno da instituição escolar, reunissem-se para novas discussões e produzissem um trabalho final coletivo que retratasse o que viram na pesquisa de campo. Nesse caso, haveria oportunidades para uso de outras tecnologias, como também para o trânsito por outros temas e a articulação destes para a elaboração do produto final da aprendizagem.

Essa forma metodológica de atuar pode ser utilizada tanto na educação presencial como na a distância. No que diz respeito a esta última, o ensino e a aprendizagem podem ser enriquecidos com tecnologias da informação e da comunicação como o computador, a internet, o rádio, o vídeo e o uso de imagens de diferentes mídias (jornais e revistas, por exemplo).

Ao planejar a metodologia de ensino, devemos ter um cuidado especial com as mídias imagéticas. Como diz Silva (2000, p. 112), "Saber ensinar a olhar e a ler as imagens, saber usar as modernas tecnologias no ensino, é um passo importante para se transformar a educação." Essa afirmação nos faz refletir sobre o uso das imagens no processo ensino-aprendizagem, tanto as que produzimos como as que apenas utilizamos para mediar o processo. Devemos lembrar que as mídias de informação e comunicação geram os seus produtos (sons, escritos e imagens) com uma intenção diferente daquela que existe no processo ensino-aprendizagem. Essas mídias se preocupam com o entretenimento, a documentação, a informação ou a comunicação e, por isso, têm uma linguagem própria, mas que podemos conhecer para entendê-las e melhor utilizá-las.

Desse modo, o simples fato de usar essas tecnologias na educação não nos dá a certeza da qualidade de seu uso. Para isso, a utilização dessas mídias, principalmente a imagética, poderá apresentar um resultado que tenha a qualidade requerida se ocorrer com uma didática e uma metodologia de ensino adequadas. Estas devem permitir a alunos e professores comunicarem-se e exercitarem formas de expressão envolvendo imagens, dentro de uma prática pedagógica que forma e transforma a sua realidade.

Nesse sentido, a prática pedagógica pode e deve ser, segundo Silva (2000, p. 113):

> um diálogo constante entre professor-aluno, tendo como objetivo principal estimular o discente a comunicar suas sensações e experiências. A educação voltada para os meios deve – através de alguns conhecimentos básicos da linguagem imagética – contribuir para o desenvolvimento e a participação ativa da criança na sociedade.

Devemos observar que essa mesma afirmação pode ser aplicada para a formação de qualquer pessoa, não somente da criança. Isso porque a imagem é um elemento que contribui para a formação de um indivíduo desde quando ele é alfabetizado. Nesse sentido, percebemos que as crianças aprendem e reconhecem facilmente determinadas figuras, antes mesmo de saberem ler e escrever. Por exemplo: rótulos de refrigerantes, propagandas na televisão, fotos de pessoas, logotipos de um produto etc. Isso deve ser considerado no processo de alfabetização e letramento de uma criança, juntamente com estratégias que a estimulem a apresentar suas sensações, o que auxilia a sua aprendizagem.

Da mesma forma, em qualquer situação de ensino e em qualquer etapa da vida de uma pessoa, podemos utilizar meios para que ela expresse os seus anseios, as suas experiências e as suas dificuldades. Isso é muito importante para a sua formação, e por isso o professor deve fazer uso de recursos tecnológicos em que os sons e as imagens possam ser explorados, ouvidos e vistos tantas vezes quantas forem necessárias para a aprendizagem dos alunos. São exemplos desses recursos: programas de rádio, gravações de conversas, desenhos feitos pelos alunos, filmagens de atividades, vídeos caseiros ou profissionais etc.

Para esse fim, o professor deve utilizar metodologias que permitam trabalhar valores que formem um senso crítico para que o aluno perceba o que há nas entrelinhas dos acontecimentos. Os recursos humanos, materiais e tecnológicos devem ser planejados na metodologia de forma que se permita saber os seus papéis e a previsão dos resultados esperados. Nesse sentido, é importante que tomemos ainda conhecimento do seguinte argumento de Silva (2000, p. 113):

> *Através do ensino direcionado para as linguagens visuais, reformulando e adequando os conteúdos escolares, a proposta [...] surge como possibilidade e metodologia para se atingir uma leitura crítica diante das muitas informações audiovisuais divulgadas pelos MCM [abreviatura de* **meios de comunicação de massa**] *– educação* **para e com** *a imagem. Essa tarefa exigirá do educador um certo preparo técnico para apreender melhor o discurso imagético e uma consciência crítica diante dos MCM e suas linguagens. O caráter padronizado das imagens televisuais e a diversificação receptiva nos levam a pensar que não é porque todo mundo vê a mesma coisa que a mesma coisa é vista por todo mundo, "a imagem por si própria requer a todo o instante explicação, explicitação".*

Dessa forma, em uma educação consciente, responsável e comprometida social e politicamente com a realidade do aluno, não podemos simplesmente utilizar determinadas tecnologias sem um preparo adequado. Por isso, após a definição da metodologia e dos recursos a serem utilizados, devemos incluir nos procedimentos planejados o estudo e a instrumentalização de cada tecnologia que será usada. Isso se torna necessário para usá-las de acordo com os pressupostos pedagógicos do curso, como também para que sejam articuladas entre si e dentro de uma didática e uma metodologia que garantam uma boa aprendizagem.

No que diz respeito à mídia imagética, é muito importante conhecer todos os elementos constitutivos de sua linguagem para ter atitudes críticas e adequá-la aos conteúdos escolares. Esse preparo para a utilização da mídia deve levar o educador a possuir um senso crítico apurado de forma a identificar as nuances que as imagens apresentam. O educador também deve entender que estas se apresentam em padrões determinados, que ao mesmo tempo são mostradas e vistas por muitas pessoas, mas cada uma as vê segundo a sua individualidade e a formação crítica que possui. É nesse sentido que a autora diz que "não é porque todo mundo vê a mesma coisa que a mesma coisa é vista por todo mundo". Cada indivíduo vê segundo as informações que possui, conforme consegue compreender e explicar o que viu. Sendo assim, é necessário um estudo prévio dando-se atenção às mídias televisuais e imagéticas.

Agora, passaremos a comentar sobre o **material didático** na educação superior a distância. Uma peculiaridade dessa modalidade é seu material didático, que é composto de mídias compatíveis com o desenvolvimento de habilidades e competências específicas garantidas no projeto pedagógico e com a realidade socioeconômica dos alunos.

Como esse material é próprio do ensino a distância e não uma adaptação do que é usado no presencial, alguns devem ser criados antecipadamente enquanto outros podem ser criados durante o processo. Como se trata de material impresso, vídeos, programas de televisão e rádio, videoconferências, CD-ROM, ambientes virtuais de aprendizagem, páginas na *web* e outros semelhantes para o uso a distância, a equipe encarregada do seu desenvolvimento deve ser multidisciplinar de forma que atenda as diferentes especialidades.

Como é recomendado que cada instituição faça seu próprio material, a equipe de especialistas para tal garante previamente que todos os envolvidos tenham conhecimento da competência do grupo e saibam como cada material é desenvolvido, tendo ciência de sua aplicabilidade e disponibilidade. Nesse sentido, é importante ter momentos de interação entre os envolvidos, bem como treinamentos e formação continuada necessária para o aprimoramento e a manutenção de um uso adequado.

O entrosamento das equipes de trabalho (professores, tutores, técnicos) em um processo de ensino a distância é fundamental. Cada grupo deve planejar a sua prática diária de forma a ter momentos de troca de informações e conhecimento entre todos, com interações constantes. Para isso, os integrantes devem utilizar os mesmo recursos de comunicação a distância no processo de ensino. Esse entrosamento entre os grupos deve ser estimulado e organizado de forma regular.

Um aspecto metodológico importante é a organização da formação continuada de professores, tutores, equipe técnica e gestores, que garantirá a atualização permanente de todos os envolvidos. Essa formação pode ser realizada com o uso de recursos tecnológicos, podendo ser também a distância, mas deve ter um acompanhamento, uma avaliação e uma retroalimentação para sua melhoria e manutenção da qualidade.

A metodologia de uso das tecnologias na educação superior a distância não pode deixar de lado certos cuidados que se deve ter para receber a pessoa deficiente em seus cursos. Para isso, deverá também planejar esse atendimento, lembrando que inclusão no processo ensino-aprendizagem não implica somente em receber o aluno e arranjar-lhe um espaço para assistir às aulas.

Antes de mais nada, a equipe deverá fazer um estudo prévio para isso, pois o material didático, a participação nas aulas ministradas a distância, os recursos tecnológicos, o espaço físico para os momentos presenciais, o mobiliário, as avaliações, o trabalho de conclusão de curso e outras necessidades básicas individuais devem ser previstas e, se necessário, adaptadas. O intuito não é dar atenção exclusiva à pessoa deficiente, pois se for feito assim os demais serão excluídos, e nenhuma situações de exclusão deve ocorrer. A intenção é que todos sejam incluídos e que ninguém, por nenhuma razão, seja alijado do processo. É importante, também, que os demais alunos tomem conhecimento da presença e participação de alunos deficientes no curso e sejam preparados para interagir com eles e vice-versa, pois estes devem participar das atividades da mesma forma que os demais.

Vemos na sociedade hoje a existência de muitos recursos de acessibilidade à disposição da pessoa deficiente, tais como: adaptações físicas ou órteses acopladas à pessoa, adaptações de *hardware* e *softwares* especiais, próteses, adaptações ambientais e dos meios físicos, e muitas outras. Tudo isso são tecnologias assistivas (como vimos no primeiro capítulo, ao discutirmos os tipos de tecnologias), pois servem para dar autonomia e possibilitar à pessoa o acesso ao conhecimento e aos bens culturais.

Essas tecnologias não podem ser tratadas apenas como produtos que estão à disposição de pessoas dispostas a consumi-los, principalmente por educadores, pois tratadas dessa forma as suas funções sociais não serão percebidas. Isso se dá quando elas se tornam indispensáveis às pessoas deficientes, já que a autonomia destas não existirá quando, por exemplo, elas não tiverem uma cadeira de rodas para se locomoverem ou outra tecnologia que lhes dê o apoio necessário para a inclusão social. Essa percepção da indispensabilidade da tecnologia na vida de uma pessoa deficiente só ocorrerá em um ambiente escolar quando neste for utilizada uma metodologia que permita o desenvolvimento de valores, tais como: a solidariedade, a cordialidade e a colaboração. Isto é o que recomendamos aos que irão conviver com uma pessoa deficiente na escola: o uso de uma metodologia que valorize o ser humano, suas necessidades individuais e, principalmente, sua formação como cidadão com todos os valores e direitos sociais.

Com esse pensamento, devemos ver as tecnologias necessárias a uma pessoa deficiente como extensão do seu corpo ou como instrumentos que completam determinadas funções. Assim, a cadeira de rodas passa a ser um complemento das suas pernas para a locomoção, da mesma forma que a bengala e o andador. Outro exemplo pode ser algum dispositivo que permite usar o computador, como um capacete com ponteira que passa a ser o instrumento com a função de digitação. Esses instrumentos devem ser tratados com naturalidade por aqueles que lidam com pessoas deficientes.

Uma das maiores dificuldades em relação à inclusão de pessoas deficientes na escola é a **comunicação**. É primordial que sejam conhecidos previamente os recursos que a pessoa utiliza para se comunicar, pois a escola deve usá-los ou substituí-los por outros mais acessíveis e de utilização mais fácil para a interação de todos. Nesse sentido, é muito importante que, antes de receber uma pessoa para a inclusão, a escola conheça todo o seu histórico e o acompanhamento de que ela necessita e, se necessário, tenha contato com os profissionais que a assistem ou interagir com eles na escola para auxiliar a pessoa com deficiência no processo ensino-aprendizagem.

Procedendo a escola dessa maneira, podemos dizer que os recursos tecnológicos e tudo o que lhes diz respeito estão sendo educacio-nalmente bem utilizados. Essa maneira de agir não pode ser apenas dos que lidam diretamente com as pessoas deficientes, mas também uma postura de todos: professores, gestores, tutores, alunos, funcionários, técnicos. Por isso, devemos ter essa preocupação na formação de professores para atuar no ensino superior.

4.2 Avaliação da tecnologia

Como já discutimos, tendo em vista os impactos causados pela tecnologia na educação, na sociedade e em outros meios, é importante que a instituição de ensino estipule os seus critérios para fazer uma avaliação prévia da tecnologia que irá utilizar. Essa preocupação com a avaliação da tecnologia não é nova, como vemos no trabalho de Michel Thiollent (1983, p. 50), quem diz:

> A *avaliação social da tecnologia (AST) é uma expressão relativamente recente. A pesquisa em AST começou a ser sistematizada a partir dos anos 70. Do ponto de vista de suas implicações sociais, a avaliação das opções ou projetos tecnológicos adquiriu sua significação profunda no contexto da contestação da sociedade industrial.*

Como vemos, uma preocupação com os aspectos sociais resultantes do uso da tecnologia na sociedade já ocorria desde os anos de 1970. Essa avaliação era recomendada diante do grande desenvolvimento tecnológico nos países industrializados e servia de estímulo para os demais países seguirem no mesmo rumo. Havia nas relações comerciais e econômicas entre os países formas de pressão para que se seguisse o exemplo dos países desenvolvidos. Isso ainda ocorre quando fazemos uma análise de conjuntura e percebemos certos interesses velados nas relações entre países.

Esse movimento se deu a partir da contestação dos efeitos da poluição industrial, dos perigos da energia nuclear e de outros tipos de pesquisa tecnológica, principalmente aquelas ligadas aos armamentos que serviam para alimentar os ideais dos Estados Unidos e da União Soviética.

Tais fatos fizeram com que a tecnologia começasse a ser questionada com relação aos seus fins e usos, demonstrando uma preocupação, há mais de trinta anos, sobre elementos que envolvem a ecologia social.

Ainda de acordo com Thiollent (1983, p. 50), "As revoltas estudantis, a formação de movimentos ecológicos e de outros tipos de movimentos sociais contribuíram para criar uma nova sensibilidade coletiva em matéria de ciência e tecnologia." Essa sensibilidade foi e deve ser alimentada, assim como deve se alastrar ao ponto de surgirem projetos de cooperação interdisciplinar e/ou interinstitucional que possam garantir soluções política e ecologicamente corretas em todos os níveis (ensinos fundamental, médio e superior). Esses projetos têm que contemplar a articulação ético-política anteriormente apresentada, isto é, uma articulação ético-política entre as ecologias ambiental, social e da subjetividade humana.

Essa preocupação tem que estar na educação, principalmente quando se trata de educação superior a distância, pois a formação de profissionais para atuar no mercado e na sociedade – como, principalmente, na formação de professores – precisa contemplar atividades para atualizá-los em relação a esses fenômenos sociopolíticos, já que tais fenômenos afetam diretamente as suas ações profissionais. A educação a distância é permeada pelo uso das tecnologias e elas precisam passar por um crivo porque corremos o risco de utilizá-las com valores agregados, que muitas vezes são contrários aos pressupostos educacionais trabalhados e podem causar interferências danosas.

As instituições educacionais que lidam com a formação de professores para atuar no ensino superior – ou qualquer outro ensino – devem fazer uma avaliação da tecnologia que usam ou usarão, pois certos trabalhos têm mostrado que determinados produtos tecnológicos sofrem a influência dos meios de produção e estes, por sua vez, são influenciados por outras tecnologias ou até pelas mesmas que produziram.

Mostrando esse tipo de interferência na criação e desenvolvimento de *softwares* educativos, Rocha (2001) percebeu que certos jogos eletrônicos trazem chavões e estereótipos de outras culturas, que facilmente são inseridos pelas pessoas nos seus costumes. Percebeu também que outros estímulos, como mensagens por acertos ou erros, trazem elogios ou contêm palavras ou figuras com situações embaraçosas ou segregacionistas, como a figura de um burro quando a pessoa erra ou de um oriental, quando acerta. O mesmo autor (2001) apresentou em seu trabalho que alguns *softwares* trazem o pensamento dos seus desenvolvedores pelos sons, imagens e textos que apresentam, em uma clara percepção de que os autores vivenciam uma cultura em que o senso comum é cheio de ações discriminatórias.

Vimos, nos argumentos anteriores, que há uma interferência da cultura na criação de uma tecnologia, com elementos de segregação, costumes e pensamentos de seu contexto que são agregados aos produtos, e que isso pode causar prejuízos ao processo educacional em qualquer nível, como no ensino superior. Como muitas tecnologias são compradas e seus manuais e documentos são apenas traduzidos sem nenhum tratamento para adaptá-las ao novo contexto, é necessário que a metodologia de uso delas na educação reserve um tempo para avaliá-las. O objetivo dessa ação é tentar desvelar o que as tecnologias trazem de interesses, intenções e ideias que possam atrapalhar a formação, sendo importante que isso seja feito no início do processo de utilização das tecnologias.

É muito importante essa atenção à relação existente entre tecnologia e ser humano, pois muitos fatores estão envolvidos. Quando está em jogo uma atividade educacional, isso se torna prioritário, dependendo dos planos e projetos em perspectiva.

Toda essa discussão pode servir de fundamento para que sejam compreendidos o alcance e a influência das tecnologias na qualidade e nas necessidades de vida do ser humano. Determinados meios de informação e comunicação têm consciência do papel que desempenham diante de uma grande massa de pessoas desprovidas de instrumentos de análise, de forma a perceber os desdobramentos dessa influência. Essa falta de instrumentos pode ser sanada quando a educação forma os profissionais para o mercado de trabalho e para a vida, usando uma metodologia na sua prática educacional que faça a avaliação da tecnologia com os critérios levantados nessa discussão. Isso é uma preocupação, também, do ensino superior.

Temos visto na sociedade um consumo de produtos com critérios para aquisição baseados em valores pessoais de afirmação social. Essa é uma preocupação que vemos crescer em certas pessoas, que chegam a dizer que não vivem sem um celular, uma máquina fotográfica digital ou outro equipamento, com o argumento de que são modernos, atualizados e elas não podem viver sem essas tecnologias. Isso nos leva a questionar, no momento de avaliação da tecnologia, o seguinte: há necessidade realmente de adquirir um determinado produto ou sua nova versão? Sabem usar todas as funções do produto? Já usaram todas e o produto está desatualizado e por isso precisam do último lançamento?

Essas e outras questões não são feitas pelos indivíduos que costumeiramente assumem a postura ditada pelos outros, por pessoas ou instituições que, com competência, sabem vender um produto. Para estas, as perguntas apresentadas no parágrafo anterior não interessam, pois se chocam com seus interesses capitalistas de mais lucro acima de tudo. Mas uma lição podemos tirar daí: existe a competência da propaganda de usar muitos artifícios para apresentar um produto e criar a necessidade de compra, vendendo junto ideias e comportamentos.

O que foi apresentado anteriormente nos lembra o que já discutimos em relação aos argumentos de Lévy (1993) sobre as ideias, as imagens e os enunciados serem apresentados como representações a serem inoculadas nas pessoas como vírus. Ora, a propaganda tem como característica fazer isso, pois apresenta os seus produtos com o firme objetivo de inocular ideias e vontade de comprar nos potenciais compradores que assistem às suas chamadas comerciais nos meios de informação e comunicação. Com isso, está criando fenômenos culturais de consumo, não importando se o produto é um bem ou um serviço. O cidadão deve ter a preocupação de perceber isso juntamente com uma atitude firme e consciente de comprar apenas aquilo que lhe é saudável em todos os sentidos.

A educação deve também ter isso presente na formação do cidadão, principalmente aquela que ocorre no ensino superior, formando pessoas com um senso crítico suficiente para perceber isso e saber fazer as suas escolhas com consciência e liberdade, sem nenhuma pressão.

Outro aspecto a ser considerado na avaliação da tecnologia diz respeito ao **lixo tecnológico** que é produzido. A falta de critérios para o consumo desenfreado tem acarretado uma série de prejuízos à natureza, à saúde da população e à vida de todos os seres vivos. Essa é uma preocupação que deve estar na escola, pois muito se fala em ecologia, em acúmulo e tipo de lixo produzido, em vida sustentável etc., mas as iniciativas são poucas, principalmente na e pela educação.

Como é do conhecimento de todos, encontramos no solo alguns tipos de lixo como o lixo tóxico, o orgânico, o reciclável, o durável e o perecível, todos causando impactos diferentes nos ambientes e nos seres vivos. Nos cursos de formação de qualquer natureza, esse conhecimento e suas implicações devem ser trabalhados. O foco a ser dado é na relação da necessidade com o consumo e na obsolescência que gera lixo. Como comentamos antes, muitos produtos são comprados sem realmente o consumidor estar precisando deles, e os produtos substituídos são facilmente jogados fora.

Por exemplo: uma pessoa compra um telefone celular e logo em seguida recebe do vendedor a propaganda do novo modelo. Comprou o antigo porque tirava fotos, fazia vídeos, conectava-se à internet, e uma série de utilidades. Quando a pessoa recebe a propaganda do novo aparelho, fica com muita vontade de tê-lo imediatamente e acaba o comprando. Mas, o que faz o novo que o outro não fazia? Perguntamos à pessoa e ela faz uma lista enorme de todos os benefícios, justificando a compra. E perguntamos de novo: e o outro não fazia tudo isso? E ela responde: nem tudo, isso (citando uma função) ele não tinha, e passa a explicar a função. E novamente perguntamos: e você precisa tanto dessa função? Bem, as justificativas aparecem, mas percebemos que são palavras que são ditas em um esforço que demonstra a intenção de querer nos convencer também a comprar. É apenas um exemplo, mas pode muito bem ser verdadeiro. E a experiência tem nos mostrado isso.

Agora, uma constatação. O aparelho velho é descartado e passa a ser mais um lixo tecnológico. O que fazer com ele? E outra, ele foi descartado e a pessoa não chegou a usar uma grande parte de cada uma das funções que ele tinha ou, melhor, uma boa parte das funções não chegou a ser usada. É o mesmo com os sistemas operacionais dos computadores ou pacotes de aplicativos do computador pessoal. Muitas pessoas não sabem usar determinadas funções do *Windows*® ou do *Microsoft Word*®, não chegam a usar nem 10% delas, e, quando saem as novas versões, têm que comprar imediatamente por serem melhores. Melhores para quem?

E o carro? Compra-se o modelo novo hoje já pensando no próximo lançamento. Mas essa ideia consumista é passada para muitos outros produtos. O que muitos não percebem é que são induzidos a isso, pois ao comprar um produto novo já está pagando pelo fato de ele ficar obsoleto logo. Vejamos o caso dos celulares: a pessoa compra um, dentro de um pacote com mil e uma vantagem, tantos minutos disso, tantos bônus daquilo, e é induzida a manter uma conta sempre em um determinado patamar de valor.

Salientamos neste momento outras duas situações que reforçam a necessidade de uma educação tecnológica que evite consequências desagradáveis para o ambiente e para as pessoas. Uma delas é o uso abusivo do saco plástico. O desenvolvimento da tecnologia permitiu que o plástico fosse utilizado para fazer os mais variados tipos de sacos e sacolas. Estes são reutilizados para a colocação de lixo, que é jogado na natureza. Experiências têm demonstrado que a decomposição desse material leva centenas de anos para ocorrer e ser absorvido pelo terreno onde está depositado. Muito desses lixos são jogados em rios, córregos e outras correntes de água, e o seu acúmulo entope canais e impede o fluxo natural da água que se espalha e provoca enchentes e prejuízos. Sempre em períodos de grandes chuvas, as autoridades e as pessoas pensam no problema. Passado o período, ninguém se lembra de fazer ações para evitar que na próxima temporada de chuvas isso novamente mais ocorra.

Outra situação crítica foi a provocada pelo acidente com o rompimento de uma cápsula de raios X encontrada em um lixo hospitalar, que liberou radiação do césio 147 no ambiente, contaminando e matando pessoas em Goiás, em 1987, deixando várias outras com sequelas e problemas de saúde para resto da vida.* São situações que precisam ser informadas às pessoas, com um ensinamento para que elas tomem os cuidados necessários e não se exponham a riscos. A educação pode fazer isso, principalmente em projetos de interferência no contexto em que atua, com o intuito de avaliar e determinar o impacto causado pelo lixo acumulado nas redondezas, dando uma atenção especial ao lixo tecnológico de tal forma que se possam equacionar problemas e prevenir catástrofes.

---

* Embora esse evento tenha ocorrido em 1987, constitui um exemplo das consequências graves que um descuido pode ocasionar. Isso continua servindo de referência para alertar sobre os cuidados que se deve ter com o lixo tecnológico.

Esses casos são apenas para ilustrar o quanto de desinformação as pessoas possuem. Um ensino que sabe fazer uma avaliação da tecnologia e formar cidadãos críticos e participativos dará a eles informações e conhecimentos para que saibam requerer adequadamente os seus direitos. Para isso, na formação de professores para atuar no ensino superior, modalidade presencial ou a distância, é de primordial importância que o currículo possa permitir reflexões para a compreensão desses acontecimentos como consequência do grande desenvolvimento tecnológico. Esse foco precisa ocorrer com a perspectiva de propiciar aos futuros professores uma preparação para atuarem junto aos seus futuros alunos com esse mesmo cuidado e perspectiva, de modo a romper com padrões de consumo e comportamentos que causem sérios problemas ambientais. Dessa forma, contribuirão para um desenvolvimento equilibrado, sustentável e favorável à vida das futuras gerações, em todos os sentidos.

Em consequência disso, a escola pode, por exemplo, levar os alunos de qualquer nível de ensino a perceberem a relação custo-benefício no momento da aquisição de um produto. Pode mostrar como os preços dos produtos são calculados hoje para serem vendidos, mostrando que muitos valores são agregados a determinados produtos, como grife, obsolescência, propaganda, fama etc. Também pode ajudar a compreender as planilhas das faturas de contas que o cidadão recebe.

A escola deve fazer tudo isso, mostrando ao cidadão que muitas mudanças nas relações de consumo são oriundas dos avanços tecnológicos e que ele deve compreender isso para agir com liberdade e consciência nas decisões de compra, sem enganos e sem vantagens para apenas um lado. Também deve perceber que isso não é uma fatalidade imutável, pois a tecnologia tem as suas vantagens, mas não é neutra já que está a serviço de interesses, quaisquer que sejam eles. Isso também deve ser um critério para a avaliação da tecnologia a ser abordado no ensino superior.

É importante que isso seja compreendido, pois muitos valores que são agregados a determinadas tecnologias chegam à educação e são associados a ela sem nenhuma análise de impacto ou avaliação, o que pode atrapalhar ou dificultar certas ações. Na educação superior a distância, isso também deve ser feito, principalmente por causa da penetração dessa modalidade de ensino no país. Assim como a propaganda sabe criar as representações a partir de ideias, imagens e enunciados e injetá-las nas pessoas visando ao consumo, os profissionais da educação também devem usar as ideias formativas de um povo crítico, transformador e participativo e criar modelos de vida saudável e sustentável, que são as representações que iremos reproduzir.

Ao avaliar a tecnologia para planejar as metodologias a serem usadas na prática pedagógica, tudo isso virá à tona, principalmente o que discutimos anteriormente sobre o lixo tecnológico. Em relação a ele, podemos incentivar ações na educação superior para a criação de projetos de interferência na realidade de cada aluno, com o fim de reaproveitar, reciclar e transformar os lixos tecnológicos em produtos úteis para a inclusão digital e social das pessoas. Muitos equipamentos estão sendo jogados no lixo, mas muitos têm ainda vida útil e podem servir para determinados fins. O único cuidado que devemos tomar é não fazer do reaproveitamento ou reciclagem de produtos uma nova oportunidade de negócios que, usando o discurso de sustentabilidade ambiental, preserva de um lado e polui e estraga do outro.

4.3 Avaliação na e da educação a distância

Nesta fase do nosso estudo, vamos discutir sobre a avaliação que fazemos na educação a distância e sobre ela, a partir do envolvimento da tecnologia. A avaliação da aprendizagem na educação superior a distância é um processo que deve estar definido no projeto pedagógico do curso.

Para nortear os envolvidos no processo, diz Brasil (2007, p. 16), ao se referir à avaliação da aprendizagem:

> O modelo de avaliação da aprendizagem deve ajudar o estudante a desenvolver graus mais complexos de competências cognitivas, habilidades e atitudes, possibilitando-lhe alcançar os objetivos propostos. Para tanto, esta avaliação deve comportar um processo contínuo, para verificar constantemente o progresso dos estudantes e estimulá-los a serem ativos na construção do conhecimento.

Essa afirmação nos permite dizer que os recursos tecnológicos podem muito bem servir para os propósitos citados. A prática pedagógica na educação superior a distância deve ter uma metodologia que permita o desenvolvimento dessa complexidade nas competências cognitivas, habilidades e atitudes, e que possibilite aos docentes e tutores estarem atentos para a caminhada do aluno, principalmente nas produções individuais do conhecimento. Nesse sentido, deve haver instrumentos de registro e divulgação dessas produções de tal forma que todos possam ver com clareza e eficiência os desempenhos dos alunos.

Para esse fim, podemos utilizar ambientes virtuais de aprendizagem em que é possível ao aluno colocar os seus produtos aos quais o professor e o tutor têm acesso para avaliá-los, retornando-os ao aluno para este verificar a análise feita. Esse mesmo espaço pode ser um ambiente de trocas entre colegas para que uns possam contribuir com considerações sobre o desempenho dos demais e para que possa haver apreciações entre professores e tutores em relação aos trabalhos dos alunos.

Um ambiente como o salientado anteriormente permite que seja feito um acompanhamento constante das atividades dos alunos, pois a ele devem ser agregados recursos de trocas de mensagens entre os envolvidos, as famosas salas de bate-papo (*chat*), e fóruns de discussão que podem ser temáticos ou com questões a serem trabalhadas coletivamente.

Esse acompanhamento constante é uma recomendação, segundo Brasil (2007, p. 16), para "identificar eventuais dificuldades na aprendizagem e saná-las ainda durante o processo de ensino-aprendizagem".

Uma exigência dos documentos legais que vale ressaltar é que as avaliações da aprendizagem não devem ficar restritas à modalidade a distância, mas devem existir também avaliações presenciais, "sendo estas últimas cercadas das precauções de segurança e controle de frequência, zelando pela confiabilidade e credibilidade dos resultados" (Brasil, 2007, p. 17). O Decreto nº 5.622/2005, ao estabelecer normas sobre o assunto, traz que a avaliação presencial é obrigatória e prevalece sobre qualquer outra que for feita, inclusive a distância. Todas essas avaliações devem estar claramente especificadas nos documentos de planejamento e definição de políticas da instituição.

A avaliação institucional é outra avaliação que a instituição deve implementar. Ela é permanente e deve ser realizada por uma equipe formada por profissionais que representam os alunos, professores, tutores e pessoal técnico-administrativo. Visando subsidiar os sistemas pedagógico e de gestão, a avaliação produz informações e conhecimento para a melhoria da qualidade da educação superior a distância, tendo como base as diretrizes do Sistema Nacional de Avaliação da Educação Superior (Sinaes).

Esse processo pode ser dinamizado eficientemente com o uso das tecnologias, pois poderá utilizar recursos geradores de dados, informações e conhecimento apresentados em relatórios que usem várias mídias na forma de textos verbalizados, escritos, gráficos, animações, imagens, vídeos etc. Um planejamento do uso e do papel das tecnologias no processo de avaliação institucional deve constar nos planos e documentos institucionais de planejamento.

Com o envolvimento de todos os atores que executam a educação superior a distância, a avaliação institucional terá como objetivo central a busca constante da qualidade quanto aos seguintes aspectos: organização didático-pedagógica, corpo docente, corpo discente, corpo de tutores, corpo técnico-administrativo, instalações e avaliação da própria avaliação – meta-avaliação (Brasil, 2007). Como a educação a distância tem uma participação muito importante da tecnologia, e com um volume muito maior que na educação presencial, deve dar uma atenção especial ao papel dos recursos tecnológicos em cada situação do processo, principalmente no que diz respeito à prática pedagógica em todos os sentidos, descobrindo com detalhes a participação e a interferência dessas tecnologias no processo ensino-aprendizagem.

É também importante ter constantemente esse *feedback* do uso da tecnologia na educação superior a distância, visando determinar mecanismos e ferramentas que melhor possam realizar cada tarefa com a eficiência e a eficácia de que tal modalidade de ensino necessita.

Essas tarefas só terão os resultados esperados se forem feitas com a participação ativa de todos os que estão envolvidos com a educação superior a distância. Cada ação e cada ator devem ter as suas interferências no processo avaliadas, mostrando as relações e os impactos que têm nas atividades coletivas.

Os argumentos apresentados sobre a avaliação que ocorre na educação a distância e sobre ela, com o envolvimento das tecnologias, têm que estar em perfeita consonância com os aspectos levantados ao longo desta obra sobre a prática pedagógica. Assim fazendo, não teremos uma ação avaliativa independente da ação pedagógica, pois elas são articuladas.

Síntese

Neste capítulo, estudamos inicialmente determinados aspectos metodológicos das mediações tecnológicas na educação superior a distância.

Nesse sentido, abordamos a mediação pedagógica da aprendizagem do aluno, que pode ocorrer com o uso das tecnologias físicas (livros, mapas, cadernos, cartazes, vídeos, rádios, computadores etc.), das tecnologias simbólicas (formas de comunicação oral, escrita, gestual, pictórica) e das tecnologias organizadoras (estratégias de aprendizagem – aula, leitura de textos, projetos, técnicas construtivistas, montessorianas, tradicionais etc.). Para esse fim, é necessário que no planejamento do ensino superior a distância seja dada atenção à escolha dessas mediações tecnológicas, entendendo que elas podem ocorrer simultânea ou isoladamente em determinadas situações de aprendizagem, dentro de uma metodologia de ensino condizente com a necessidade do grupo em formação.

Também estudamos a importância de se fazer a avaliação da tecnologia antes de introduzi-la para mediar a prática pedagógica. Isso é necessário, tendo em vista o impacto das tecnologias na vida das pessoas, na sociedade e na educação, o que provoca determinados prejuízos de natureza ambiental, social, mental e cognitiva. Para isso, alguns elementos importantes foram apresentados para estabelecer critérios de avaliação da tecnologia, que devem ser considerados no ensino superior. Também foram mostrados alguns exemplos de acontecimentos que servem de referência para o estabelecimento desses critérios de avaliação.

Outro foco de estudo foi a avaliação da aprendizagem na educação superior a distância mediada pela tecnologia. Nesse foco, tomamos como base determinadas indicações dos *Referenciais de Qualidade para a Educação Superior a Distância*, a fim de compreender o papel dos recursos metodológicos e tecnológicos na avaliação da aprendizagem.

Salientamos também a necessidade da mediação da tecnologia na avaliação institucional da educação superior a distância, mostrando as bases para a definição dos critérios e as razões para esse tipo de avaliação. Nesse sentido, mostramos a importância de tomarmos como referência o Sistema Nacional de Avaliação da Educação Superior (Sinaes).

Indicação cultural

FUNDAÇÃO BANCO DO BRASIL. Tecnologia social – órteses em PVC. São Paulo: TVE, 2006.

1. Ver o vídeo intitulado Tecnologia Social – Órteses em PVC. *Ele é sobre mobiliários e órteses feitos em PVC, sendo uma experiência que algumas universidades brasileiras estão realizando em seus laboratórios ou núcleos de tecnologia assistiva. Está disponível em: <http://www.fbb.org.br/portal/pages/publico/pubBiblioteca.fbb?paginacao=13&ordem=null&tema=0>.*
2. *Na sua comunidade de aprendizagem, faça um estudo para detectar possíveis problemas em seus meios de convivência social que necessitem de uma solução utilizando uma tecnologia assistiva. Pode ser de adaptação de móveis, de espaço, ou mesmo criação de tecnologias que sejam órteses para a autonomia de pessoas deficientes.*
3. *Faça uma discussão sobre a experiência no fórum de discussão do seu ambiente virtual de aprendizagem.*

Atividades de Autoavaliação

1. Assinale a alternativa **incorreta**:
   a) Com o uso das tecnologias na educação, a mediação pedagógica pode ser física, simbólica ou organizadora, de acordo com a tecnologia que está sendo utilizada.
   b) Deve-se ter atenção na escolha das tecnologias que mediarão um processo ensino-aprendizagem para que elas possam servir, em uma só ação, para ensinar um tema articulado com valores para o desenvolvimento de uma cidadania responsável e, ao mesmo tempo, para transitar por outra(s) temática(s).

c) As mediações pedagógicas físicas, simbólicas e organizadoras ocorrem em diferentes momentos, nunca simultaneamente, dados os tipos de tecnologias envolvidas.

d) Deve-se ter cuidado na escolha da metodologia de ensino, já que ela pode levar a uma aprendizagem com resultados contrários aos objetivos simplesmente porque as mediações das tecnologias foram inadequadas para a situação.

2. Verifique se as sentenças apresentada nos itens I a IV, são verdadeiras ou falsas. Depois assinale a alternativa que apresenta a sequência correta:

I. O fato de serem usadas tecnologias da informação e da comunicação na educação é certeza de qualidade quando elas forem utilizadas com uma didática e uma metodologia de ensino que permitam exercitar formas de expressão na comunicação, dentro de uma prática pedagógica que forma e transforma a realidade.

II. Em qualquer situação de ensino, podem ser utilizados meios para a expressão dos anseios, das necessidades, das experiências e das dificuldades dos estudantes. Para isso, usam-se recursos tecnológicos em que os sons e as imagens possam ser explorados, ouvidos e vistos tantas vezes quantas forem necessárias para a aprendizagem.

III. No uso da tecnologia da informação e da comunicação na educação, as metodologias de ensino devem ter uma preocupação exclusivamente técnica e instrumental, sem se preocupar com a transmissão de valores para a formação de um senso crítico para o exercício da cidadania.

IV. Após a definição da metodologia de ensino e dos recursos a serem utilizados, devemos estudar e nos instrumentalizar em relação às tecnologias a fim de usá-las de acordo com os pressupostos

pedagógicos do curso e dentro de uma didática e de uma metodologia que garantam uma boa aprendizagem.
a) V, F, V, F
b) V, V, F, V
c) F, F, V, F
d) V, F, F, F

3. Assinale a alternativa que, com a resposta para a seguinte pergunta, **não** se enquadra nos argumentos apresentados no nosso estudo: por que fazer uma avaliação prévia da tecnologia a ser utilizada na educação superior?
   a) Porque os fenômenos sociopolíticos que envolvem o desenvolvimento tecnológico afetam a formação e as ações profissionais.
   b) Porque na EaD corre-se o risco de utilizar a tecnologia com valores a ela agregados que possam dificultar ou não permitir uma aprendizagem adequada.
   c) Para a articulação ético-política entre as ecologias ambiental, social e da subjetividade humana.
   d) Para a realização de um trabalho com o uso amigável da tecnologia, que promova uma aprendizagem adequada.

4. "Na formação de professores, é importante ocorrerem reflexões sobre o desenvolvimento _____ que permitam a _____ dos padrões de _____ , e comportamentos, que causam _____ ambientais, de forma a contribuir com o _____ equilibrado e sustentável para as futuras gerações". Assinale a alternativa que contém as palavras que completam, na ordem, essa frase:
   a) tecnológico; compreensão; consumo; problemas; desenvolvimento.
   b) tecnológico; satisfação; consumo; soluções; desenvolvimento.

c) social; compreensão; satisfação; soluções; acontecimento.
d) social; compreensão; satisfação; problemas; acontecimento.

5. Assinale a alternativa correta:
   a) A avaliação da aprendizagem na educação superior a distância é um processo que é definido e planejado no próprio período, ou seja, no final do curso.
   b) A prática pedagógica na educação superior a distância deve utilizar os recursos tecnológicos apenas para avaliar a aprendizagem, sem nenhuma preocupação com as competências cognitivas, as habilidades ou as atitudes do aluno.
   c) Os ambientes virtuais de aprendizagem devem ter recursos para o registro e a divulgação das produções do conhecimento, em um ambiente de trocas no qual alunos, professores e tutores possam avaliar o desempenho de todos os envolvidos no processo ensino-aprendizagem.
   d) Os recursos tecnológicos dos ambientes virtuais de aprendizagem devem permitir apenas uma vez, no final do curso, a apreciação das produções, sem necessidade da constante troca de mensagens entre os envolvidos.

Atividades de Aprendizagem

Questões para Reflexão

1. Você já observou que para a sua aprendizagem foi necessária a mediação de várias tecnologias? Juntamente com os colegas que formam a sua comunidade de ensino, faça uma lista das tecnologias que foram utilizadas na sua aprendizagem, separando-as depois em categorias, de acordo com a mediação pedagógica ocorrida, isto é, de tecnologias físicas, simbólicas ou organizadoras.

2. Veja, também, que muitas tecnologias podem mediar a sua aprendizagem sobre o mundo, a cultura, a sociedade e a sua própria vida. Será que as tecnologias estudadas aqui servem para a mediação desse tipo de aprendizagem? Faça um levantamento das tecnologias que você e seus colegas utilizam nessa aprendizagem. Compare as duas listas e faça um comentário escrito com o seu grupo de discussão. Arquive todas as opiniões em uma pasta no computador à sua disposição na instituição de ensino presencial ou virtual.

Atividade Aplicada: Prática

1. Esta atividade abrange todo o conteúdo estudado no livro, bem como as atividades dos capítulos anteriores. Junto com os participantes da sua comunidade de aprendizagem, reúna o material que contém as suas opiniões e que foi elaborado por você e por seus colegas nos estudos feitos com este livro. Isso engloba tudo o que você e seus colegas gravaram em arquivos no computador, e também as opiniões que vocês deram nos fóruns de discussão e que estão gravadas.

Separe tudo em categorias temáticas e distribua as categorias para cada integrante do seu grupo. Verifique se cada um é responsável, pelo menos, por uma categoria. Combine com seus colegas para que cada um escreva um texto sobre a(s) temática(s) que lhe coube (couberam). Estipule prazos para a realização da tarefa e marque horários no *chat* do ambiente virtual de aprendizagem para discussão e troca de ideias sobre a produção de cada um. Lembre-se: cada um deve opinar sobre a produção do outro. Depois disso, marque um encontro presencial.

No encontro presencial, o grupo deve discutir as produções, fazer os acertos, complementos e correções, e elaborar frases que conectem os textos uns aos outros, tornando-os um só texto produzido em conjunto. Peça a opinião de seu professor e/ou tutor para determinar o número de páginas do texto do grupo, as normas técnicas e outras informações pertinentes.

Por fim, publique o texto pronto no ambiente virtual de aprendizagem e discuta com seus pares e professores a possibilidade de publi--cação em outros meios, virtuais ou não. Para esse trabalho, use o máximo possível as tecnologias de informação e de comunicação.

Considerações finais

Como vimos no transcorrer das discussões apresentadas ao longo do livro, o avanço científico e tecnológico tem ocasionado grandes e profundas interferências na sociedade. Nesse processo, a educação é atingida em vários aspectos, o que tem colaborado para que todos em que nela atuam revejam suas posturas e ações diante das mudanças que lhes acometem.

Com isso, percebemos a grande participação das tecnologias no desenvolvimento e na disseminação da educação superior a distância no Brasil, e isso nos leva a ter uma preocupação maior na busca de uma qualidade que mostre a seriedade e o compromisso que esse ensino tem com a formação das pessoas.

A nossa preocupação em todo esse estudo foi com a formação do aluno mediada pela tecnologia, tendo como foco tirar do ensino a distância o rótulo de um ensino facilitado e impróprio para a educação brasileira. Muito pelo contrário, sem advogar que as tecnologias sejam o elemento primordial para um ensino autêntico, comprometido com a sua época e que possa resolver os problemas da educação, procuramos mostrar que é possível fazer, a distância, um ensino com qualidade igual ou melhor que o ensino presencial.

Foi também o nosso foco mostrar a importância, para a formação de cada aluno na educação superior a distância, de ter um ensino que não seja apenas para atender as necessidades de um mercado cada vez mais cheio de novidades e definidor de modismos consumistas.

Que os alunos tenham uma qualidade de vida que lhes dê autonomia e determinação na definição de seus próprios rumos. Que eles se transformem em cidadãos críticos que consigam fazer as leituras corretas dos acontecimentos, percebendo as mensagens explícitas e veladas que estão agregadas nos produtos de consumo, sejam eles equipamentos tecnológicos ou serviços prestados pelos meios de comunicação e informação, entre outros. Para esse fim, a educação deve proporcionar o desenvolvimento de valores éticos, morais, espirituais e sociais, de forma que se produza nos estudantes uma colaboração autêntica e comprometida com o bem comum, gerada a partir de interações em comunidades de aprendizagem ou sociais a que pertençam.

Nesse sentido, o aluno deve estar atento aos acontecimentos ao seu redor e procurar resolver os problemas no momento em que surgem, com a competência necessária para cada fato individual ou coletivo. Não pode descuidar de perceber o papel que cada tecnologia desempenha na ação e de procurar tirar o melhor proveito possível, dentro das diretrizes didático-pedagógicas do curso de que participa.

Nas nossas discussões, ficou claro que a metodologia de ensino utilizada pelas instituições precisa de estratégias para atividades colaborativas de aprendizagem, tanto entre professores e alunos como entre os próprios alunos. Isso deve estar presente no momento de o professor planejar sua prática pedagógica. Este deve ter plena convicção de que não está apenas prevendo ações de ensino para os alunos aprenderem, mas que ele também aprende em uma troca constante entre todos os envolvidos na ação.

A constatação de que as novas tecnologias estão presentes na vida de todos deve levar os profissionais da educação a utilizar os recursos tecnológicos da melhor forma possível, visando atingir os fins educacionais propostos. A participação da tecnologia deve acontecer de forma que ela seja um meio para a execução das ações e não apenas um fim em si mesma, ou seja, a escola não deve apenas apresentá-la como mais um recurso que deve ser aprendido porque é necessária na sociedade sem mostrar ou fazer com que ela participe das ações pedagógicas.

A relação da tecnologia com o conhecimento tem nos mostrado as inúmeras possibilidades de pesquisa que podemos desenvolver. Uma educação superior a distância deve se preocupar, também, com a possibilidade de o aluno ter uma iniciação científica para que possa vislumbrar um crescimento e uma continuidade de seus estudos no nível de pós-graduação. Ele deve ser levado a vivenciar no seu processo de aprendizagem técnicas importantes na investigação, como a observação, a coleta de dados, a análise desses dados para a leitura correta dos fatos, a divulgação dos resultados, a ação reflexiva necessária sobre o material em estudo etc. Essas ações devem estar no planejamento da prática pedagógica, mesmo que os alunos não tenham a intenção de continuar os estudos em níveis superiores. Contudo, eles devem ter consciência de que esses elementos podem ajudá-los na formação continuada de um profissional consciente e envolvido com a sua contemporaneidade.

Nesta obra, mostramos a necessidade de conhecer as mais variadas tecnologias, assim como suas relações com as pessoas. A dinâmica social exige que muitas dessas tecnologias entrem em seu processo com uma intensidade e uma intenção coerentes com as nossas necessidades. Por isso, é importante uma avaliação prévia da sociedade, da educação e da vida para desvelar os impactos causados e as consequências daí advindas. Isso se faz necessário para planejar com os devidos cuidados a participação delas na educação superior a distância

Também é muito importante ter uma postura que permita o acesso à tecnologia de forma crítica e com conhecimento, que possibilite uma análise para conhecer seus potenciais. Nessa análise, também temos que conhecer o contexto em que a tecnologia foi gerada e a influência que sobre ela incidiu determinados fatores ambientais desse contexto, como a cultura, os costumes, a linguagem etc.

A troca dinâmica e criativa das informações e do conhecimento produzido entre professores e alunos, de uma forma dialógica e contínua mediada pelas tecnologias, deve direcionar a todos à descoberta de caminhos que levem a um desenvolvimento sustentável, em que o objetivo seja uma melhor qualidade de vida para todos.

A educação superior a distância deve organizar o seu trabalho pedagógico considerando todos esses elementos aqui discutidos. Enfatizamos que ela deve dar uma atenção especial à avaliação prévia de cada tecnologia a ser utilizada, na tentativa de revelar os valores que elas trazem para o processo educacional, os quais podem acarretar prejuízos. Devemos procurar compreender o melhor papel que elas podem desempenhar e suas relações com as pessoas envolvidas.

Dessa forma, podemos concluir dizendo que a tecnologia por si só não tem a capacidade de ser a mola propulsora da educação superior a distância. No entanto, se estiver ancorada em um projeto pedagógico consistente e fundado em princípios educacionais para a formação de um cidadão crítico e transformador, que interfere nas ações sociais de seu meio com consciência ética e moral em busca do bem comum, poderá haver um ação educacional eficiente e eficaz naquilo que lhe compete socialmente.

Referências

BARROS, J. A. de S. L. A. Educação e tecnologia. **Educação & Tecnologia. Revista Técnico-científica dos Programas de Pós-Graduação em Tecnologia dos CEFETs PR/MG/RJ**, Curitiba, ano 1, n. 1, p. 5-29, abr. 1997.

BARROS FILHO, C. de. Mundos possíveis e mundos agendados: um estudo do uso da mídia na sala de aula. In: BARZOTTO, V. H.; GUILARDI, M. I. (Org.). **Mídia, educação e leitura**. São Paulo: Anhembi Morumbi/ Associação de Leitura do Brasil, 1999.

BARZOTTO, V. H.; GUILARDI, M. I. (Org.). **Mídia, educação e leitura**. São Paulo: Anhembi Morumbi/Associação de Leitura do Brasil, 1999.

BEHRENS, M. A. Projetos de aprendizagem colaborativa num paradigma emergente. In: MORAN, J. M.; MASETTO, M. T.; BEHRENS, M. A. **Novas tecnologias e mediação pedagógica**. 7. ed. Campinas: Papirus, 2003.

BRASIL. Decreto n. 2.494, de 10 de fevereiro de 1998. **Diário Oficial [da] República Federativa do Brasil**, Brasília, DF, 11 fev. 1998a. Disponível em: <http://www.planalto.gov.br/ccivil_03/Decreto/D2494.htm>. Acesso em: 18 nov. 2008.

_____. Decreto n. 2.561, de 27 de abril de 1998. **Diário Oficial [da] República Federativa do Brasil**, Brasília, DF, 28 abr. 1998b. Disponível em: <http://www.planalto.gov.br/ccivil_03/decreto/D2561.htm>. Acesso em: 18 nov. 2008.

_____. Decreto n. 5.622, de 19 de dezembro de 2005. **Diário Oficial [da] República Federativa do Brasil**, Brasília, DF, 20 dez. 2005. Disponível em: <http://www.planalto.gov.br/ccivil_03/_Ato2004-2006/-2005/Decreto/D5622.htm>. Acesso em: 18 nov. 2008.

_____. Lei n. 4.024, de 20 de dezembro de 1961. **Diário Oficial [da] República Federativa do Brasil**, Brasília, DF, 27 dez. 1961. Disponível em: <http://www.planalto.gov.br/ccivil_03/LEIS/L4024.htm>. Acesso em: 12 mar. 2009.

_____. Lei n. 5.692, de 11 de agosto de 1971. **Diário Oficial [da] República Federativa do Brasil**, Brasília, DF, 12 ago. 1971. Disponível em: <http://www.planalto.gov.br/ccivil_03/LEIS/L5692.htm>. Acesso em: 12 mar. 2009.

BRASIL. Lei n. 9.394, de 20 de dezembro de 1996. **Diário Oficial [da] República Federativa do Brasil**, Brasília, DF, 23 dez. 1996. Disponível em: <http://www.planalto.gov.br/ccivil_03/LEIS/l9394.htm>. Acesso em: 7 jul. 2008.

BRASIL. Ministério da Educação. **Referenciais de qualidade para educação superior a distância**. Brasília, DF, ago. 2007. Disponível em: <http://portal.mec.gov.br/sesu/arquivos/pdf/referenciaisqualidadeead.pdf>. Acesso em: 19 jun. 2008.

BRASIL. **Universidade Aberta do Brasil** (UAB). Disponível em: <http://uab.mec.gov.br>. Acesso em: 2 maio 2008.

CITELLI, A. Educação e mudanças: novos modos de conhecer. In: _____. (Org.). **Outras linguagens na escola**. São Paulo: Cortez, 2000.

CORRÊA, M. B. Tecnologia. In: CATTANI, A. D. (Org.). **Trabalho e tecnologia**: dicionário crítico. Petrópolis: Vozes; Porto Alegre: Ed. da UFRGS, 1997.

CUNHA, A. G. **Dicionário etimológico nova fronteira da língua portuguesa**. Rio de Janeiro: Nova Fronteira, 1982.

DELEUZE, G.; GUATTARI, F. **Mil platôs**: capitalismo e esquizofrenia. São Paulo: Editora 34, 1995. v. 1.

DEMO, P. **Formação permanente e tecnologias educacionais**. Petrópolis: Vozes, 2006.

_____. **Questões para a teleducação**. 3. ed. Petrópolis: Vozes, 2003.

FRIGOTTO, G. Os delírios da razão: crise do capital e metamorfose conceitual no campo educacional. In: GENTILI, P. (Org.).

A **Pedagogia da exclusão**: crítica ao neoliberalismo em educação. 12. ed. Petrópolis: Vozes, 2005.

GALVÃO FILHO, T. A.; DAMASCENO, L. L. Tecnologias assistivas na educação especial: utilizando os recursos de acessibilidade na educação. **Revista Presença Pedagógica**, Belo Horizonte, v. 9, n. 54, p. 40-47, 2003.

GARRIDO, E. Formação de professores a partir de múltiplos diálogos: parceria universidade-escola – desafios e conquistas. REUNIÃO ANUAL DA SBPC, 54, 2002, Goiânia. **Anais**... Goiânia: SBPC, 2002.

GUATTARI, F. **As três ecologias**. 15. ed. Campinas: Papirus, 2004.

HOUAISS, A.; VILLAR, M. de S. **Dicionário Houaiss da Língua Portuguesa**. Rio de Janeiro: Objetiva, 2001.

KENSKI, V. M. **Tecnologias e ensino presencial e a distância**. 4. ed. Campinas: Papirus, 2006.

LÉVY, P. **As tecnologias da inteligência**: o futuro do pensamento na era da informática. Rio de Janeiro: Editora 34, 1993.

_____. **A conexão planetária**: o mercado, o ciberespaço, a consciência. São Paulo: Editora 34, 2001.

LIGUORI, L. M. As novas tecnologias da informação e da comunicação no campo dos velhos problemas e desafios educacionais. In: LITWIN, E. (Org.). **Tecnologia educacional**: políticas, histórias e propostas. Porto Alegre: Artes Médicas, 1997.

LITWIN, E. (Org.). **Educação a distância**: temas para o debate de uma nova agenda educativa. Porto Alegre: Artmed, 2001.

MARTINS, O. B. **A educação a distância**: uma mapa reflexivo da nova cultura docente e dos tutores na formação de professores. Disponível em: <http://www.fundacion-barcelo.com.ar/cread/Expositores/Borges%20 Martins.pdf>. Acesso em: 3 jul. 2008.

MEHEDFF, N. Debate: demandas por recursos humanos e mudanças organizacionais. In: FERRETTI, C. J. et al. (Org.). **Tecnologias, trabalho e educação**: um debate multidisciplinar. 7. ed. Petrópolis: Vozes, 2001.

MORAES. M. C. **O paradigma educacional emergente**. Campinas: Papirus, 1997.

_____. **Pensamento eco-sistêmico**: educação, aprendizagem e cidadania no século XXI. Petrópolis: Vozes, 2004.

OLIVEIRA, M. R. N. S. Do mito da tecnologia ao paradigma tecnológico; a mediação tecnológica nas práticas didático-pedagógicas. **Revista Brasileira de Educação**, n. 18, p. 101-107, set./out./nov./dez. 2001. Disponível em: <http://www.anped.org.br/rbe/rbedigital/RBDE18/ RBDE18_10_MARIA_RITA_NETO_SALES_OLIVEIRA.pdf>. Acesso em: 3 jul. 2008.

PINHEIRO, H. L. As políticas públicas e as pessoas portadoras de deficiência. In: SILVA, S.; VIZIM, M. (Org.). **Políticas públicas**: educação, tecnologias e pessoas com deficiências. Campinas: Mercado de Letras, 2003.

REY, L. **Dicionário de termos técnicos de medicina e saúde**. Rio de Janeiro: Guanabara Koogan S.A., 1999.

ROCHA, C. A. **A interferência da cultura nos softwares educacionais**: o desafio de alertar sobre as práticas discriminatórias. Curitiba, 2001.

165 p. Dissertação (Mestrado em Tecnologia) – Programa de Pós-Graduação em Tecnologia, Centro Federal de Educação Tecnológica do Paraná, Curitiba, 2001.

SASSAKI, R. K. **Por que o termo "tecnologia assistiva"?** 1996. Disponível em: <http://www.assistiva.com.br/#porque>. Acesso em: 5 abr. 2008.

SILVA, S. T. de A. Desenho animado e educação. In: CITELLI, A. (Coord.). **Outras linguagens na escola**: publicidade, cinema e TV, rádio, jogos, informática. São Paulo: Cortez, 2000.

SILVA FILHO, H. P. de F. E. O empresariado e a educação. In: FERRETTI, C. J. et al. (Org.). **Tecnologias, trabalho e educação**: um debate multidisciplinar. 7. ed. Petrópolis: Vozes, 2001.

TAJRA, S. F. **Internet na educação**: o professor na era digital. São Paulo: Érica, 2002.

THIOLLENT, M. J. M. Avaliação social da tecnologia. **Revista Brasileira de Tecnologia** – CNPq, Brasília, v. 13, n. 3, p. 49-53, 1983.

Bibliografia comentada

A bibliografia a seguir é um excelente material para enriquecer o debate e apresentar subsídios para a compreensão e a utilização das mediações da tecnologia na educação superior a distância.

CITELLI, A. Educação e mudanças: novos modos de conhecer. In: _____. (Org.). **Outras linguagens na escola**. São Paulo: Cortez, 2000.

> Nessa obra, Citelli organiza artigos de pesquisadores preocupados com o uso das tecnologias de informação e de comunicação na educação, trazendo subsídios para uma discussão principalmente sobre a participação, no processo ensino-aprendizagem, da publicidade, do cinema, da televisão, do rádio, dos jogos e da informática. Nesse sentido, a intenção dos autores é fornecer material para estudos e propostas alternativas para as atividades escolares a partir dos meios de comunicação e das novas tecnologias.

KENSKI, V. M. **Tecnologias e ensino presencial e a distância**. 4. ed. Campinas: Papirus, 2006.

> Esse livro traz uma coletânea de textos da autora, resultantes de trabalhos apresentados em congressos e outros eventos educacionais ocorridos no Brasil nos últimos tempos. A obra apresenta uma análise das mudanças no trabalho docente ocorridas em consequência do uso constante das tecnologias de informação e comunicação. Esse uso tem acontecido na educação tanto na modalidade presencial como a distância, o que leva alunos e professores a perceberem novas maneiras de aprender e de ensinar, bem como as mudanças nas regras de convivência e nas formas de acesso às informações. Essa é a abordagem que Kenski traz nesse livro.

LITWIN, E. (Org.). **Educação a distância**: temas para o debate de uma nova agenda educativa. Porto Alegre: Artmed, 2001.

> Litwin organizou essa obra com artigos seus e de outros pesquisadores. Sua temática envolve aspectos da educação a distância a partir de uma grande diversidade de pontos de vista. A obra traz argumentos

sobre projetos na área, a produção de materiais didáticos, o papel dos tutores, as possibilidades surgidas com a participação das tecnologias etc. Tudo isso com a preocupação de se atender as exigências do século XXI, mas com a revisão dos princípios fundamentais da educação a distância, conferindo novo sentido e abrangência para o ensino e a aprendizagem.

LITWIN, E. (Org.). **Tecnologia educacional**: políticas, histórias e propostas. Porto Alegre: Artes Médicas, 1997.

Nessa obra, Litwin e seus colaboradores – todos professores da disciplina de tecnologia educativa e pesquisadores de ciências da educação na Faculdade de Educação da Universidade de Buenos Aires – apresentam artigos que abordam temas desde questionamentos políticos até o desenvolvimento de projetos, com um embasamento histórico para se entender a área da tecnologia na educação e com teorias para auxiliar o ensino nessa área. A obra traz argumentos para uma reflexão que produza uma ação consciente e responsável, fornecendo subsídios práticos para a elaboração de propostas educacionais com o uso adequado das novas tecnologias na educação.

MORAES. M. C. **O paradigma educacional emergente**. Campinas: Papirus, 1997.

Nesse livro, Moraes traz à discussão alguns referenciais baseados em fenômenos da física utilizados para entender as leis do universo, com argumentos que possibilitam a compreensão de vários aspectos de nossas vidas. Esses referenciais são analisados de forma que seja percebida a inter-relação e a interdependência entre os fenômenos, servindo de base para a apresentação de um paradigma educacional emergente. Quanto a esse paradigma, a autora lança a ideia da escola como um sistema aberto, vivo, com constantes trocas de energias com o meio em que está inserida. Isso se dá em uma forma de educação em que todas as relações e acontecimentos estão sempre em movimento, com o conhecimento em constante construção, mediante interações, transformações e enriquecimentos mútuos, com o professor funcionado como a ponte entre conhecimento, contexto e seus produtores/receptores.

MORAES, M. C. **Pensamento ecossistêmico**: educação, aprendizagem e cidadania no século XXI. Petrópolis: Vozes, 2004.

Nesse livro, Moraes apresenta um estudo que possibilita ao leitor ter elementos para tomar consciência de que o nosso relacionamento com a vida, com a natureza, com o outro e com o cosmo depende muito de como conhecemos, pensamos e aprendemos sobre tudo, ou seja, de nossa maneira de ser, de viver e de conviver. Com essa consciência, fica mais claro compreender o ser humano e toda a complexidade das relações que ele tem com os seres e com o universo, principalmente diante das constantes mudanças ocorridas por causa do acelerado desenvolvimento científico e tecnológico. Nesse trabalho, a autora explora com mais profundidade algumas ideias já apresentadas no livro O paradigma educacional emergente.

Gabarito

Capítulo 1

Atividades de Autoavaliação

1. c
2. d
3. a
4. a
5. b

Atividades de Aprendizagem

Questões para Reflexão

1. A intenção da atividade é de, em um primeiro momento, fazer uma enquete para se entender o conceito que o senso comum tem sobre tecnologia. Isso é importante para se refletir sobre o hábito que as pessoas têm de reduzir o conceito dos objetos, temas ou termos a aspectos ligados mais diretamente à sua vida prática. Tal reflexão se faz necessária para a definição de projetos de inclusão digital e social, que necessitam do uso correto e adequado de todos os elementos ligados à utilização da tecnologia na educação.
2. A segunda parte da atividade visa completar o que foi feito anteriormente e possibilitar que os estudantes compreendam as interferências e as influências da tecnologia na vida de todos.

Capítulo 2

Atividades de Autoavaliação

1. b
2. d
3. a
4. c
5. d

Atividades de Aprendizagem

Questões para Reflexão

1. A leitura dos dois textos, assim como a comparação das ideias apresentadas em ambos, visa compreender a mediação da tecnologia

nas práticas de ensino e contribuir para a reflexão que deve ocorrer na formação de professores e tutores para a educação a distância.

2. Nesta questão, busca-se, por meio de comparação dos textos, a compreensão necessária para que se tenha um uso adequado da tecnologia nas atividades de formação inicial e continuada dos citados profissionais.

Capítulo 3

Atividades de Autoavaliação

1. a
2. c
3. b
4. d
5. b

Atividades de Aprendizagem

Questões para Reflexão

1. O objetivo da atividade é possibilitar o conhecimento das iniciativas e preocupações dos dirigentes de instituições de ensino superior em relação à educação a distância.
2. A proposta desta questão é uma oportunidade de se entender como a legislação a respeito está sendo interpretada e que ações ela tem gerado em consequência disso, principalmente diante dos novos paradigmas da educação a distância e das perspectivas de ações comprometidas política e socialmente com o momento vivido no presente século.

Capítulo 4

Atividades de Autoavaliação

1. c
2. b
3. d
4. a
5. c

Atividades de Aprendizagem

Questões para Reflexão

1. O objetivo dessa questão é possibilitar que os alunos conheçam, por meio de levantamento e organização, as tecnologias pesentes em sua aprendizagem.
2. Nesta questão, objetiva-se permitir aos alunos que compreendam o papel das tecnologias em seu processo de aprendizagem, tanto nas atividades educacionais como nas sociais e culturais. Isso se faz necessário para que cada aluno use com competência a tecnologia disponível, canalizando os esforços adequados para atingir os melhores resultados em qualquer espécie e momento de aprendizagem, principalmente quando se trata de um direcionamento autônomo e responsável.

Nota sobre o autor

Carlos Alves Rocha, professor e pesquisador, natural de Fortaleza (CE), é graduado em Ciências e Biologia pela Faculdade Estadual de Filosofia, Ciências e Letras de Cornélio Procópio (Faficop/Uenp, 1981), especialista em Informática na Educação e mestre em Tecnologia na área de educação tecnológica pelo Centro Federal de Educação Tecnológica do Paraná (Cefet-PR, 2001). Em 1971, iniciou suas atividades docentes no Estado de Mato Grosso do Sul, sendo professor e diretor de escola de ensino fundamental e médio. Passou a integrar-se, a partir de 1985, ao Núcleo de Ensino Regular, da Secretaria de Estado de Educação de

Mato Grosso do Sul, como técnico nas áreas de ciências e matemática.

Em 1987, passou a participar da criação e instalação do Centro de Informática Educacional (Cied) de Mato Grosso do Sul, órgão ligado diretamente à Secretaria de Educação, em que foi professor, pesquisador e diretor. Esse centro foi criado a partir do Projeto Formar do Ministério da Educação (MEC), com a participação das universidades federais do Rio de Janeiro, do Rio Grande do Sul, de Minas Gerais e de Pernambuco, e da Universidade Estadual de Campinas (Unicamp), com o intuito de formar professores especialistas nos estados para a disseminação do uso da informática na educação. Em consequência disso, esteve envolvido em cursos, oficinas, seminários e outros eventos liderados e coordenados pelo Programa Nacional de Informática Educativa (Proninfe) em várias universidades brasileiras, principalmente na Unicamp.

Participou dos encontros iniciais no MEC para a criação do ProInfo, programa atualmente em vigor no país. Em vista disso, auxiliou a Secretaria de Educação do Estado do Paraná a elaborar e executar em 1997 o primeiro curso de especialização para professores estaduais, com o intuito de criar os Núcleos de Tecnologia Educacional (NTE) do estado. Possui experiência com o uso da informática na educação com alunos e professores dos ensinos fundamental, médio e superior, e também com pessoas com deficiências (físicas e mentais – como síndrome de Down e paralisia cerebral –, surdez e cegueira), auxiliando-as no desenvolvimento cognitivo, na iniciação profissional ou na comunicação.

Em Mato Grosso do Sul, foi ainda membro da Comissão de Encargos Educacionais, órgão assessor do Conselho Estadual de Educação. Atua desde 1999 com a formação de professores mediada pelas tecnologias de informação e comunicação e as relações que estas têm com a educação. Trabalha atualmente com as disciplinas de ensino de ciências relacionadas a conteúdo e metodologia, tecnologia da informação e da comunicação na educação; e com o Seminário da Produção Científica, trabalho de conclusão de curso, no curso de Pedagogia, da Faculdade de Ciências Humanas Letras e Artes, da Universidade Tuiuti do Paraná (UTP). Também trabalha com educação a distância no curso de pedagogia e em cursos de pós-graduação, *lato sensu*, do Centro Universitário Uninter.

Impressão: AtualDV
Dezembro/2016